雪飛著

文學叢刊

大腦網路百花香

文史哲出版社印行

國家圖書館出版品預行編目資料

大腦網路百花香 / 雪飛著. -- 初版. -- 臺北市：
文史哲，民 98.01
頁： 公分. --（文學叢刊；211）
ISBN 978-957-549-831-3(平裝)

848.6　　98000121

文 學 叢 刊 211

大腦網路百花香

著　者：雪　飛
出版者：文史哲出版社
http://www.lapen.com.tw
e-mail：lapen@ms74.hinet.net
記證字號：行政院新聞局版臺業字五三三七號
發行人：彭　正　雄
發行所：文史哲出版社
印刷者：文史哲出版社
臺北市羅斯福路一段七十二巷四號
郵政劃撥帳號：一六一八〇一七五
電話886-2-23511028 · 傳真886-2-23965656

實價新臺幣四八〇元

中華民國九十九年（2010）五月初版

ISBN 978-957-549-831-3　08211

題大腦網路百花香

革命的大腦
已重新建立自己的網路花園
園中百花盛開
仁性密碼不再躲藏
性愛的花朵含情微笑
真善美的歌聲
在天空自由歡唱

雪飛

二〇〇八年九月八日

大腦革命論（代序）

由於科學進步，醫學革命性的發現，已證實了「神經細胞可以重新生長、產生新的連接」。這使大腦的神經可塑性，能隨著需要不斷增大。這「不但給心智有缺陷的人帶來希望，也給過去認為不可治療的大腦傷害帶來復原的機會。」而推翻了幾百年來，一直認定大腦在成年後就不能改變的「功能區域特定論」（localizationism）（註一）。

在人類大腦裡，有三大重要系統：一，記憶系統。二，意識系統。三，邊緣系統。就記憶來說，有「程序性記憶」（procedural memory）或「內隱記憶」（implicit memory），與「陳述性記憶」（declarative memory）或「外顯記憶」（explicit memory），其目的都在保留經驗。而就意識來說，因有記憶的聚合，才有意識的出現。佛洛伊德（Sigmund Freud）將其分為三層：「顯意識」（consciousness）、「前意識」（preconscious）和「潛意識」（subconscious）。「顯意識」指知覺、思想等顯示於外者。「前意識」指未顯示於外但即可顯示者。而「潛意識」有潛伏、儲備之意，凡不用、用過或待用之記憶與經驗，都積存其中，一有機會便可突顯出來，如靈感等。

末了再來看「邊緣系統」（limbic system），這是很重要的系統，因為它是「夢的源頭」，也是「複雜的情感產生中心」。位於大腦內部，由杏仁核、海馬迴等多種神經組織所構成。有不斷變動的「特質」。可以「直感」等方式，在「瞬間解譯各種複雜訊息」，作出「超邏輯」的「立即精確反應」。尤其「所有的人際關係，包括愛情在內，都是一種邊緣系統能量的巧妙串通」。而「愛」更可由「邊緣系統共鳴」、「邊緣系統調節」，及「邊緣系統修正」，共同來形成一個最美的不斷改進的「情感世界」。在這個世界裡，「愛能改變大腦結構」，提升大腦神經的「可塑性」。（註二）。所以，「我們的大腦已經被網際網路大大的重新塑造過了」，而且還在不斷更新改變中。看來人類「返老還童」不是夢。（註三）。

以上對大腦革命性的發現，及相關的重要介紹，似乎更增大了我們運用「聯想」的空間，導引我們更能有深入的「想像」，佛洛伊德認為：「藝術起源於想像力」，「誰的想像力特別發達，誰就成為第一個詩人」。又說詩人「都能創造自己的幻想世界」，「這種幻想世界並不是日常的想像，而是富有詩意的想像」，亦即

「有創造的想像」。詩人具有了「創造的想像力」，才能「在藝術中」，創造出「新的美妙的世界」。

不可避免，每個人都有「私欲」和「情欲」，詩人也不例外。所以佛洛伊德雖認為「詩人的創作，其基礎都是以情欲為主導地位」，但他更要求應將「私欲和情欲的性質沖淡，掩飾它們，賦予詩的幻想的形式，從而引起人們美的享受」，這才是好的作品。（註四）。

這本《大腦網路百花香》集子，所搜集的文章和詩，是從一九九九年四月《秋水詩刊》一〇一期開始，主編涂靜怡小姐要我寫專欄「詩話隨筆」，原則每期一篇，至二〇〇七年七月結束。對此專欄的寫作，不「人云亦云」，而是從各個不同角度，來探討詩創作的種種問題。其所舉詩例，傳統詩與新詩都有，因為傳統詩對中國文字的特質，已有充分的發揮，所以我要選用。這本集子，除了幾篇在其他刊物發表者外，主要都選自「詩話隨筆」。不過，我現在發現，從大腦觀點來看，每一篇隨筆都是來自大腦的神經網路，故這本集子以《大腦網路百花香》為書名。

在此，我還要特別介紹：本集中一篇尚未正式發表的「仁性綻開的性愛花朵」。這是在去年我寫「歷史進行曲」，寫到孔子的「仁性觀」時，發現「仁」字的構造，含有「性愛」密碼。事實上「傳宗接代」，人類生命的延續，文化的創造與發展，

「性愛」都是極重要的根源。不過它屬個人隱私，當人類社會走向文明，就無人敢公開來討論了。而現在人類歷史已步入二十一世紀，科學發達，思想解放、自由。對於「性愛」這塊最美的園地，百花盛開，魅力無窮，我們還能將其忽略嗎？基於此，從去年三月前開始，我多方搜集資料，不斷探討，經過無數次思考、修改，終於在一週前定稿，不過在此我要特別指出：本文目的，主要在介紹健康的性愛觀念，還請各位先進與讀者賜教。

二〇〇八年八月三十日。

附註

註一：參考《改變是大腦的天性》。（Norman Doidge 著，洪蘭譯）

註二：參考《愛在大腦深處》。（Thomas Lewi. Fari Amini. Richard Lannɔu 三人合著，陳信宏譯）

註三：同註一——文化塑造的大腦、返老還童。

註四：弗洛伊德——論藝術創造。（陳小文著）

大腦網路百花香　目錄

貳、交流與活動

壹　詩話自由談

一、從平面到立體

最近，從一部《世界詩歌鑑賞大典》中，讀到辜正坤教授所寫《世界詩歌鑑賞五法門》（註一）。該文首先以人性的觀點，將那趨向於縱慾、浪漫，非理性的詩，稱為陽性詩。將那趨向於禁慾、古典，理性的詩，稱為陰性詩。而陽性詩，具有「雄偉壯闊、剛健有力」之陽剛美。陰性詩，則具有「柔和幽遠、纖濃明麗」之陰柔美。

同時，該文又指出，詩的功能有五：即一，純審美。二，娛樂。三，教諭。四，認知。五，實用。並認為：陽性詩，偏重純娛樂。陰性詩，則是趨向純審美，但偏重倫理性和認知性。而只重純審美者，名為元詩。只重認知性或實用性者，名為泛詩。此陰陽元泛四者，不僅相互「相對」，也相互「融合、補充、轉化」。從世界詩歌發展的軌跡來看，「泛詩最先產生，接著演化陰詩，然後發生轉化，成為陽詩，最後進一步昇華抽象成為元詩」（註二）。而其結論則是，對各種詩的功能，應採取「兼容主義」，不能肯定一種，就否定其他。主張「文藝自由」、「審美選擇的自由」。

從時代潮流的趨勢來看，一個到處是囚禁人類靈魂的各種意識形態（Ideology）之舊世紀，即將結束了。一個衝出「意底牢結」（註三）的意識流（Stream of Conciousness）之自由活動的新時代，即將到來。而詩，是人類意識的直接表現，其中不僅有顯意識的成分，也有潛意識的因子。故詩的未來式，是人類各種意識的自由表達，更是詩人不同意識的多元呈現。而那「造成時空交錯，心馳神遊，任意東西」的意識流（註四）之運用，必將超過艾略特（Thomas Stearns Eliot, 1888-1965）的《荒原》，而展現出一個多彩多姿，更新的未來。所以詩的未來式，不僅將在「文藝自由」、「審美選擇自由」的導向下，使「兼容主義」發揚光大。且由於資訊科技發達，電腦網路的另類時空之建立和帶動，也必然將使過去式和現在式的，各種平面的「詩的園地」，發展、融合而成一個立體的、四度空間的、未來式的「詩的新宇宙」。讓各種不同功能的詩，一起走向「萬物並育而不相害，道並行而不相悖。小德川流，大德敦化」（註五），以進入二十一世紀的，真善美的詩的新境界。

一九九九年三月三日。

附註

註一：世界詩歌鑑賞大典——首篇。（辜正坤教授主編）
註二：同前，該文《詩歌五功能與鑑賞五標準》。
註三：意底牢結，為 Ideology 之音譯。見牟宗三教授作《觀念的災害》。（人生雜誌二一九期）。
註四：世界詩歌鑑賞大典——艾略特及其《荒原》之介紹。（湯更生撰稿，辜正坤訂改）。
註五：見《中庸》第三十章。

二、漫談詩的多重歧義性

一首詩，就詩人所要表現的什麼來說，可分為單一的含義，和多重的歧義。前者未留思考空間，讀者別無選擇。後者則讓人有自由審美判斷的機會，結論當然多彩多姿。而從藝術觀點看，一首具有多重歧義性的詩，是更富於創造價值的，所以值得我們進一步來探討。要探討此問題，就不能不談美、妙、有、無。尤其要創作一首具有多重歧義性的詩，在意象和意境方面，更不能忽略這四者。

先說「美」，美是產生於人的美感經驗，是其主觀感覺對客觀事物形相的情趣和欣賞之結果。因此美感是起於人的感覺，完成於對形相的欣賞。而人之感覺分視、聽、嗅、味、觸，根據藝術觀點，視覺與聽覺，為高等官能，可生美感。嗅、味、觸三者，則為低等官能，只能引起快感。且快感中無美感，美感中則有快感。故美感也可名之為特殊的快感。

同時，感覺來於感官，每種感官都經過神經網路，與大腦直接相通，而產生

「知」與「覺」。知若僅止於感官直接的覺，則為「直覺」。覺若經過大腦理解者，便轉化為「理知」了。理知不僅能知物之「體」，也能知物之「用」。此三者，唯直覺是純見與趣（Interest in mere seeing），既不涉及物之體，也不涉及物之用，而只以欣賞事物之形相為滿足。且更可進一步，將自己感情移入對象，以達物我一體之境；把無情化為有情，以創造出十分富於情趣的詩的意象和意境。例如：

豐年牛亦樂，隨意過前村。

佳節清明桃李笑，野田荒塚只生愁。

這不僅使動物、植物、礦物都有了感情，能樂、能笑、能愁，且更能引起讀者的情趣，而落實於美感經驗。

當然，在宇宙萬象中，非每一事物的形相都具美的條件，即使有，也有程度的差異。不過，若從一切事物的形相來分析，不外是由線條與色彩所構成。

首先是，宇宙萬象無不各有其形。形由線成，線則由「點」之運動所得。運動方向一成不變的，是「直線」。運動方向漸進漸變的，則是「曲線」。直線挺拔端正，象徵男性的雄偉、莊嚴，所構成的形體有陽剛之美。曲線柔美窈窕，象徵女性的優美、活潑，所構成的形體有陰柔之美。從線條與聲音的關係來看，線條是無聲的語言，語言是有聲的線條；不僅是圖畫的，也是音樂的。而「風乍起，吹皺一池春水」，有波狀的曲線美。「小樓吹徹玉笙寒」，則有音樂的聲律美。「大漢孤煙直，長河落日圓」，有垂直線的莊嚴，水平線的寂靜、圓曲線的婉麗、優美。「風吹仙袂飄飄舉，猶似霓裳羽衣舞」，不僅表現了曲線的節奏，也流露出人體的自然美。線朝一個方運動必先有其「動勢」，動未至而勢先到，更能顯其妙也。

宇宙萬象，不僅各有其形，也各有其色。色彩與人的感情非常密切，紅色使人喜，灰色使人憂；黃色使人高興，藍色使人冷靜。而色與色的調和，令人有和諧之感受，故「烘雲托月」，可產生靜態美。色與色的對比，給人以躍動的情思，故「萬綠叢中一點紅」，則有動態美。同時，色之感情美不僅是空間的，也有時間的，如「夕陽無限好，只是近黃昏」，那紅黃的夕陽，加上青蒼的暮色，完成了「色彩三合音」的美境，更表現了音樂似的優美情調。尤其「曉來誰染霜林醉？總是離人淚」。又是另一種由色彩聯想所帶來的象徵美。因此有濃豔色彩象徵富貴，淡雅色彩象徵高潔之說。總之，色與情是互攝的，色不離情，情能生色。「有情無色，情如無舵之舟，隨風飄蕩。有色無情，色如槁木死灰，終古沈淪」。我們如何運用色與情的關係，來創造出空間的、時間的，和聯想的意象美及意境美，則是詩人不能不重視者。

詩的創作，實際就是運用作者主觀的直覺、距離、移情等意識自由活動，去把那客觀的不同色彩與線條所構成之形相，選擇、搜集，根據自己的意圖，予以有機的組合，便可完成詩的意象或意境。如此不僅具有雜多性，且亦合乎寓雜多於統一的藝術條件。例如一幅抽象畫，看似一堆不同的色彩和線條，雜亂地湊在一起，但卻能給人以美感，何故？寓雜多於統一也。

一首詩，不僅含有作者主觀的意識和感情，更貴在能托物寄情，把主觀的意識「美妙」地表現出來。有聲有色的直接表現是美，無聲無色的自然流露，更是一種妙。「妙」是什麼?奇妙（wonder fuel）是妙、巧妙（clever）也是妙。從中國的造字來看，妙是「少」和「女」的組合。少是年輕的象徵，春春而有活力。女是曲線美的代表，比男人的健壯更美。兩者相組合，是生命最美的組合，故妙也是美的昇華、美的極致。「玉容寂寞淚闌干，梨花一枝春帶雨」，把不同的聲與色，美妙地組合在一起，便使楊貴妃的哭泣，也美麗動人了。「砧杵敲殘深巷月，梧桐搖落故園秋」，這「敲殘」與「搖落」的動詞之運用，恰到好處，而使雜多能巧妙的統一，符合藝術條件，所以能給人美感。

一首詩的形式和內容，不僅要美、要妙，更要美得自然，妙得不勉強。老子說：「故常無，欲以觀其妙；常有，欲以觀其徼。此兩者，同出而異名，同謂之玄，玄之又玄，眾妙之門」。所以美、妙、有、無四者，都是詩的創作之道。而四者相互組合，不僅變化無窮，更可使詩的意象和意境，達於藝術的極致。因此看來平常的詞句，如「前不見古人，後不見來者；念天地之悠悠，獨愴然而涕下」。又如：「請君試問冬流水，別意與之誰短長？」又如：「問君能有幾多愁，恰似一江春水向東流」。這些看似平常，但卻能從平常中，微妙地流露出詩人的深情，而成為千古傳誦的名句。

根據存在主義（Existentialism）的說法，人一直是處在多重歧義性（ambiguity）的環境中，有多重的可能性，一直環繞著我們，所以人才有自由選擇權。不過，人的存在，必須不斷選擇，因為沒有任何一種選擇，是可以一勞永逸的。事實上詩的創作，也正是在多重可能性中，不斷地選擇，選擇適合自己需要的材料，通過審美判斷，運用美、妙、有、無，之相互關係和技巧，來重新組合，以求真正達到「寓雜多於統一」的最高藝術境界。

新的二十一世紀即將到來，由於科技發達，網際網路不斷創新，我們所處之具有多重歧義性的環境，也必然隨之而更趨複雜。因此詩的創作，不僅是有了更多選擇自由，其作者的意識與情感之表現技巧，也應從「單一」走向「多重」，以俾能從「雜多統一」中，反射出「多重歧義性」，以增強意象和意境的廣度與深度。然什麼是多重歧義性？除了多重之可能，還有曖昧、含糊、模棱兩可等解釋。其實不少詩的作品，多半都有弦外之音、暗示、聯想、想像等，這些或多或少，都含有多重歧義性，尤其有些字的含義，本來就是多重的，若再加以不同的運用，歧義性就更增加了。試舉拙作《滑鼠之歌》中四句為例：

陽光的夢
已寫出時空的美
透過抽象畫之網路的詮釋
新的宇宙觀已經誕生

從色彩學來看，無光即無色。而陽光通過稜鏡或光柵，可色散為紅、橙、黃、綠、藍、靛、紫七色。所以光字本身，就具有多重歧義性。而美字，更泛指一切色彩美、線條美、符號美、造形美、音樂美或圖畫美。任何美的事物都在其內，故美字的多重歧義性更複雜。再以本詩的夢字來說，也許是自由的夢，也許是多彩的夢，也許它屬於陽光的本質，也許它代表作者的理想。再以網際網路對時空的詮釋來看，一方面在美化網路，一方面在指出時空的質和量之改變，隨之而來的，則是新的宇宙觀已經誕生。尤其更意謂：一個新的多元化的時代已經來臨。

一九九九，六，一一。

附記

有關線條與色彩部分，係參考虞君質教授所著：《線條與人生》。《色彩世界與感情生活》。

三、詩的蒙太奇

——兼談《藍色迴旋曲》之創作

就藝術觀點來說，詩就是一種藝術。雖然詩與音樂、舞蹈、繪畫、電影等有所不同，但亦有其相同或相似的原則和方法。只不過音樂用音符，舞蹈用肢體，繪畫用彩筆，電影用畫面，詩則是用語言和文字。而它們同樣，都在創造藝術形象，來表現創作者的思想、情感，或者說同樣都在表現其理趣與情趣。因此從相同的角度來探討，我們就可發現，電影所採用之蒙太奇，亦常為詩創作所利用。

所謂蒙太奇（Montage），義指剪接與組合。亦即電影在開拍時，首先根據其所要表現的內容，分別拍攝許多相關或必要的鏡頭（畫面），然後依照原有的構思理想，再從其中選出需要的，加以剪接、組合。而組合後，要能產生連貫、對比、聯想、襯托、懸疑等效果，俾能完整地表現其所要表達的主題。因為電影是綜合藝術，所以組合不僅指畫面與畫面，也包括音響、色彩等之相互配合運用。以求能符合「多樣統一」的藝術原則。此種蒙太奇的手法，實際也是詩所常用的創作技巧，因為詩的「意象」，可說就是電影的鏡頭（畫面）。詩的「意境」，也恰似電影的主題所在。只不過意象，是客觀形象經過詩人主觀的再造。意境，則是詩人運用藝術技巧，將主題刻意隱藏的所在。而一首詩的完成，實際也就是詩人根據所要表現的主題，將其所得意象加以剪接、組合，而成恰到好處的意境。現就個人觀點，試以拙作《藍色迴旋曲》之創作歷程為例，略加說明於後：

當我正在考慮《詩話隨筆》要談什麼？剛好劉建化兄寄來大作：《詩瀾東洄》詩集，其內容完全是以上次「中國詩歌藝術學會」所舉辦之「兩岸詩歌學術研討會」的活動情形為主題。而於此時拜讀大作之餘，有不少感想，所以決定寫一首《藍色迴旋曲》。那些已有的和我所想到的意象，就如已拍攝完成的電影鏡頭或畫面。我只要運用蒙太奇的手法，根據理想加以剪接、組合，就可完成了。

首先談題目，在《詩瀾東洄》一詩的末段，提到：「五千年的華夏神州／文化一脈　誰能改變／看詩的波濤瀾漫東來／啊！我們迎迓於夷洲島上／合流於兩岸之間　洄漩洄漩」。那次研討會我雖因事未參加，但直覺那就好像是兩岸在合奏一首交響曲，因此我決定從音樂方面來構想。又因詩中暗示，那「合流於兩岸之間」的「洄漩」，有音樂「迴旋曲」的味道，且其背景為藍色海洋，和平穩靜，正與我要表現的主題相合，故以《藍色迴旋曲》名之。

在詩的開頭，我又想到李白詩中「兩岸猿聲啼不住，輕舟已過萬重山」的意象，其所指為長江兩岸，雖與海峽之東岸和西岸不同，但李白的浪漫、瀟灑，實為現代海峽兩岸詩人所應共有的氣質，故先將其剪接、組合，以完成詩的開場白。

接下來就是詩的主要內涵，在《詩瀾東迴》裡，已如電影提供了許多研討會的資訊及活動鏡頭，我第一步必須選出其中適合者，將其轉化為帶有各種音樂性的意象。所以我首先將兩岸詩人，都化為花朵的音符，「譜於那自由的／風之長髮的五線譜」。接著就是將東方傳統、西方現代、中華文化三者，都轉化為音樂性的意象，並加以融合：「是東方傳統之雅樂／西方現代之舞曲／都一起融入了／中華文化的偉大樂章」。隨之，即在其中第三輯：《參訪遊覽速描》裡，選出一些景點轉化為音樂性的意象，如日月潭是「優美的山水組曲」、梨山有「癡情花之戀情的傾訴」、燕子口吐出「燕語的呢喃」，花蓮的綠玉和貓眼石，「有清脆的歌聲」。同時，由於他們也參觀了：大陸正在台灣舉辦的紅樓夢造型展，以及那象徵「天下為公」的「國父紀念館」，因此我特別指出：「更有那紅樓夢裡／古典夢幻曲／那天下為公的／禮運大同之交響樂」。

最後，面對未知的將來，我們不僅有感慨，也有希望。所以參考其中提到的論文題目，寫出了我的結論：「在這文化轉型的世紀／不管是傳統或現代／是來自東岸還是西岸／我們都不要／再踏入藝術誤區／就讓我們一起／來演奏這首藍色迴旋曲吧／讓我們也來享受一下／輕舟已過萬重山的暢快／讓我們也像李白一樣／瀟灑、浪漫……」。

一九九九，八，二四。

四、化所思為存在的美

詩人寫詩，究竟要表現什麼？我以為主要，在表現其意識。談到意識，不能不使人聯想到潛意識、意識流、意識形態等問題。然意識本身，究竟又是什麼？

德國哲學家胡塞爾（Edmund Husserl, 1859-1938），在其所創之現象學中指出：意識包括「能思」和「所思」。能思是意識的本能，有主動的意向性，是意識作用的推動與完成者。所思則為意識的對象，不僅是內存的「外在」事物，也包括內在的意向活動。因此能思與所思呈現在人類意識中的一切，不管是自然對象、數學實體，不管是情感、意志、願望和價值，都稱之為「現象」。而在這些現象中，更含有穩定的、一般的、變中之不變的絕對者，那就是使某物之成為某物的「本質」。本質具有確實性、普遍性和必然性。故「本質即現象」，此現象即「事物本身」，屬主觀的意識，不是客觀的存在。因此存在主義大師沙特（Jean-Paul Sartre, 1905-1980）認為：自然界的一切存在都是虛無，只有人的主觀意識才是真實的。

然要如何才能「回歸事物本身」，以求存在的真實，這不僅是哲學的，也是詩和文學的課題。尤其詩的創作，不是演繹或歸納的邏輯推理，而是要表現「事物本身」，更要求在表現中，能暗示出事物之意義和價值。所以胡塞爾之「直覺（直觀）的本質還原法」，也是詩創作之不可少者。所謂直覺，是隨意識的「意向性」之所指，直觀其內存的「外在」事物，亦即直觀其「純粹現象」，這是一種非理性的意識活動，而此「本質還原法」所得，即為「事物本身」，不僅有質的真，也有形的美。現以詩為例，如：

山中一夜雨，樹杪百重泉。（王維）
孤帆遠影碧空盡，惟見長江天際流。（李白）
黃河遠上白雲間，一片孤城萬仞山。（王之渙）

這完全是以直觀來「回歸事物本身」，使其有形有質而產生詩的情趣。所以胡塞爾之現象學，不僅使人懂得：世界、對象，都是人之意識的意向性活動結果。價值、意義，都是由人之意識活動所產生並賦予對象的。而其方法，更導引出各派存在主義。存在主義者認為：非理性的意識活動，才是最真實的存在。其共同特點，是重感情、直覺、主觀，這些都與詩有直接關係。因此存在主義創立者海德格（Martin Heidegger, 1889-1976），在其後期特別強調「語言的作用，詩歌的本真性」，並認為詩人是神在地球上直接訪問的對象。晚年，他常漫步於黑森林裡小路，吟頌著荷爾德林（Holderlin, 1770-1843）的詩句：

大地以黃梨似金
和野玫瑰的花絲如錦
投影於湖中
優雅的天鵝
陶醉於親吻
不斷探首於
靈激的水中。……（浮生之半）

存在主義所強調者，是人有「選擇自由」。而人之能有此自由，主要的原因，正如雅斯培（Karl Jaspers, 1883-1969）所說：我們都生活在「沸騰著種種可能」的、無限的多重歧義性（ambiguity）之釜中，我們不斷從其中理出些什麼，但又永遠理不清。這繁富的多重性，唯有詩和其他藝術，才能加以表達。因為我們不能說明什麼，只能表現什麼。尤其一切事物本身，在詩人的意識中，既是「現象」，也是「本質」；顯中有隱，隱中有顯。唯有以詩的象徵等手法，才能將其若隱若顯的事物本身，真實的表現出來。其作品也才有質的真、形的美，和恰到好處的「若水」之善。

詩的創作，是詩人的意識活動，亦即「能思」與「所思」的交融。若從詩所講求的「意象」和「意境」來看，「能思」為「意」，「所思」為「象」，二者融合，即為「意象」。由「意象」之組合與昇華，便成「意境」。此境既是「現象」，也是「本質」，更是存在的美之表現。

由於科技發達，資訊網路普遍，將把二十一世紀的時空，變成抽象的畫、迷人的網，我們如何存在其中，必為主要課題。因此為了迎接千禧年之到來，我特以存在主義觀點，寫《滑鼠之歌》一首，現錄其最後數行，作本文結論：

隨著光之曙現
踏上七彩的光譜
如溜冰之舞蹈
我們以自由的舞步
舞於那抽象的畫、迷人的網
我們以浪漫的舞姿
舞出質的真、形的美
詮釋那曲線的善……

一九九九，一〇，二六。

附註

本文參考書籍：哲學入門、哲學新世界、西洋哲學三百題、中西兩百位哲學家、老子道德經、世界詩歌鑑賞大典等，有關存在主義及詩創作之介紹。

五、詩的虛擬眞實性

真實（reality），不僅是科學和哲學追求的目標，也是詩所不能缺少的主要特性。因為詩貴在能真實的表情達意，但若失去其真實性，則必然淪為「虛情假意」。一首虛情假意的作品，又如何能感人？動人？

然而什麼是真實？是事物的現象，還是事物的本質？是人之感覺的對象，還是人之意識中的虛擬實象（a virtual image）？是個別主體的經驗，還是共同主體的經驗？真實，究竟存在，還是不存在？就一般人來看，科學最可靠，而科學所提出的「量子世界」，一定是事實。然而物理大師波爾（Bohr Niels, 1885-1962）卻說：「量子世界並不存在，存在的是抽象的量子力學的描述」（註一）。所以真實，不在其是什麼，或是否存在，而在乎如何描述，描述是否具有真實性，讓人相信。

詩的創作，是以抒情為主，達意為目的，而運用詩人的想像，來補充、完成。「擬人化」是一種想像，「有情化」也是一種想像。例如：

舉杯邀明月，對影成三人。（李白：月下獨酌）。

春風不相識，何事入羅幃？（李白：春思）。

春蠶到死絲方盡，蠟炬成灰淚始乾。（李商隱：無題）。

蠟燭有心還惜別，替人垂淚到天明。（杜牧：贈別）。

以上不僅把明月和春風予以擬人化，也把春蠶與蠟燭加以有情化。事實它們都不是人，並不會像人一樣真的有情感。其所以有那樣的意象和意境，完全是詩人從其想像的意識中，所虛擬出來的。又如白居易的《長恨歌》，虛擬死去的楊貴妃，在「聞道漢家天子使，九華帳裡夢魂驚。」之後的描述：

「攬衣推枕起徘徊，珠箔銀屏迤邐開。雲髻半偏新睡覺，花冠不整下堂來。風吹仙袂飄飄舉，猶似霓裳羽衣舞。玉容寂寞淚欄杆，梨花一枝春帶雨。含情凝睇謝君王，一別音容兩渺茫。昭陽殿裡恩愛絕，蓬萊宮中日月長。回頭下望人寰處，不見長安見塵霧。……」

這一段描述，明知是詩人虛擬的，但因為能切合楊貴妃的身影性格，及其所處情景，故能給讀者以真實感，實具有虛擬的真實性。其他如：

一、**黃鶴樓**（崔顥）：

昔人已乘黃鶴去，此地空餘黃鶴樓；

黃鶴一去不復返，白雲千載空悠悠。……

二、登金陵鳳凰臺（李白）：

鳳凰臺上鳳凰遊，鳳去臺空江自流。
吳宮花草埋幽徑，晉代衣冠成古丘。……

以上都是觸當時之景，以虛擬過去之實象，來烘托其空虛與沒落。雖然我們並未看到：昔人乘著黃鶴去、鳳凰在鳳凰臺上游的真實情景，但卻不會懷疑其真實性。

在西洋詩中，例如德國詩人海涅（Heinrich Heine, 1797-1856），他有一首《頌歌》，是於一八三〇年夏天，在一小島上養病時，從報上得知：法國七月革命勝利的消息，因而寫成此詩。其最後兩節：

我周圍倒著
我的戰友的屍體，
可是我們得到了勝利。
我們得到了勝利，
可是周圍倒著
我的戰友的屍體。
在歡呼勝利的凱歌裡

嚮著追悼會嚴肅的歌聲。
但我們沒有時間歡樂，
也沒有時間哀悼。
喇叭重新吹起，
又開始新的戰鬥。

我是劍，我是火焰。（註二）

當時海涅並未親身參加過法國的革命，以上戰友屍體和勝利歡呼的對照情景，完全是憑作者的想像，所虛擬出來的。不過雖是虛擬，但合情合理，所以同樣能給人真實感，具有虛擬的真實性。不過他另一首，以憧憬印度風光為題材的抒情詩《乘著歌聲的翅膀》，其中第二節：

一座紅花盛開的花園，
籠罩著寂靜的月光；
蓮花在那兒等待，
它們親密的姑娘。

評論家就認為：「鮮明過度的色彩並不真實，損害了整體的格調。在描寫月光下的花園時，用『紅花盛開』來形容並不恰當適合。而在描寫恒河兩岸莊嚴景致時，突然寫出一句『蓮花在那兒等待它們親密的姑娘』，聽起來也非常別扭」（註三）。當然，就算整首詩來說，還是成功的，並不有損其為一首名詩。所以詩的創作，雖然常採虛擬的想像，但想像必須不停地，與外在世界的真實相互校正。否則所寫出的詩，必失去其虛擬的真實性。

隨著千禧年之到來，我們所生活的世界，將逐漸被虛擬的真實所佔領。有人預測，「愛神2030」即將降臨，到時只要利用電腦周邊設備及網際網路，「愛死你」網站便可提供電腦伴侶，「他會鞠躬跟你說早安，會唱生日快樂歌，還可以用千奇百怪的花招跟你做愛……」（註四），連小說家李昂小姐，都以羨慕的口吻說：那時「不再是只有甘迺迪總統能睡到瑪麗蓮夢露」，而你也有希望（註五）。因此，我便根據想像，寫了一首《真和美之虛擬》，現摘其中兩段，來作本文結論：

或許你也可以
躺在瑪麗蓮夢露的身邊
看那江水滔滔往東流
聽她磁性的嗓音
為你唱：大江東去

也許你還能實現
在那平沙雁落的塞外
與王昭君並馬前行
聽她親口唱一曲：陽關三疊
都只要你，按一下 Enter

二〇〇〇，二，二六。

註

註一：李國偉：《追尋眞實》（自由時報八十八年十一月十三日，39版）。
註二：見《世界詩歌鑑賞大曲》：海涅詩介紹，馮至譯。（北京大學出版社、台灣地球出版社共同出版）。
註三：同前。
註四：李昕：《數位化情慾觀——二〇三〇情慾世界》（自由時報八十八年十一月二十日，39版）。
註五：李昂：《虛擬化情慾觀——新感覺派慾望風暴》（同前 39 版）。

六、詩的深入與淺出

詩的創作，不外內容與表現兩大問題。就內容言，有屬於個人者，有屬於社會國家者。有屬於自然宇宙者，可說無所不包。就表現言，則每首詩各有不同的手法與技巧；有易懂者，有難解者，可說種類煩多。不過，若從詩人本身的角度來看，則內容不出詩人的意識和情感，表現不外以能感人、動人，廣為流傳最理想。例如同樣寫《清明》，杜牧所寫的是：

清明時節雨紛紛，路上行人欲斷魂；
借問酒家何處有，牧童遙指杏花村。

而黃庭堅所寫的則是：

佳節清明桃李笑，野田荒塚只生愁；
雷驚天地龍蛇蟄，雨足郊原草木柔。
人乞祭餘驕妾婦，士甘焚死不公侯；

賢愚千載知誰是，滿眼蓬蒿共一坵。

面對同樣的清明節，但在杜牧和黃庭堅的意識感情裡，顯然各有不同。雖觸同樣之景，卻生不同之情，故所涉及的內容亦大不相同。前者面對「路上行人欲斷魂」的悲情之景，就生「借問酒家何處有」的欲借酒消愁之情。後者則是另一種，由頭兩句的一喜一悲之對照，進一步也涉及「雷驚天地龍蛇蟄，雨足郊原草木柔」的背景變化。同時面對「野田荒塚」，又使詩人想到：無論是賢是愚，死後皆黃土一堆，以致想到古齊人與晉國介之推的故事，而有「賢愚千載知誰是，滿眼蓬蒿共一坵」之嘆。若再將兩者加以比較，顯然在內容上，後者比前者更「深入」。而在表現上，則前者比後者較「淺出」。正因其較「淺出」，更大眾化，故較易廣為流傳。

所以我認為：一首最理想的詩，應該是「既有深入的內容，也有淺出的表現」。試舉幾首大家都熟悉的短詩：

春眠不覺曉，處處聞啼鳥；
夜來風雨聲，花落知多少？（孟浩然：春曉）。

此詩雖只有短短四句，且非常淺白易懂，但在內容上，卻能深入地把握了春天的種種特性，寫活了春天的晨景，也充分表現出詩人的意識與情感，故堪稱是一首深入淺出的好詩。

打起黃鶯兒，莫教枝上啼；
啼時驚妾夢，不得到遼西。（金昌緒：春怨）

此詩看起來很平常，只不過在描寫一位深閨怨婦的小動作。但其內容的展現，則是以後兩句的心理深入分析，來賦予第一句的優美動作之含義。而其詞句口語化，押韻中具有音樂之美，真是一首淺由深出的好詩。

慈母手中線，遊子身上衣；
臨行密密縫，意恐遲遲歸。
誰言寸草心，報得三春暉？（孟郊：遊子吟）

此詩在表現上，不僅淺出如家常話，使人易懂又有熟悉感，且其內容以三春日光，來形容慈母的愛子之情，絕非兒子的「寸草心」，所能報答於萬一，更深具哲理。

山外青山樓外樓，西湖歌舞幾時休；
煖風薰得游人醉，直把杭州作汴州。（林洪：西湖）

從此詩內容來看，似乎在描寫西湖歌舞昇平的景象，其實「直把杭州作汴州」一句，指出南宋君臣，「只圖偷安晏樂於西湖」，而忘了汴州舊都，祖宗的大仇。可見其內容，是非常深入的。且在詞句運用上，又並無難懂之處。所以這首詩，仍是深入淺出之作。

此外，在西洋詩中，亦常有深入淺出者。例如美國詩人桑德堡（C. Sandburg, 1878-1967）所作的《霧》：

霧來了
踏著小貓的腳步。
它坐在那兒俯瞰
海港和城市，
靜靜地蹲著
然後向前遊動。

這首詩雖然很短，且是非常淺出的一種表現，但評論家卻認為是作者「纖巧詩中的精品」。因為以「小貓的腳步」來形容霧的「悄然無聲」之動感，是「以動顯靜」。「最後一句『遊動』進一步顯示著動中的靜謐，彷彿一切都沉浸在夢中，沒有一絲喧鬧」（註一）。如此寫法，相信是作者對霧和貓的觀察，深入瞭解它們的共同特性所得，因此不失為一首深入淺出之作。又如德國詩人艾興多夫（Joseph von Eichendorff, 1788-1857）所寫的《月夜》：

春天好像靜靜地
吻過大地，
她現在花容燦爛，
夢沈沈地懷思。

微風吹過原野，
麥穗溫柔地波動，
森林輕輕地低語，
明星佈滿了夜空。

我的心靈廣闊地
舒展開它的羽翼，
飛過靜靜的原野，
彷彿向家園飛馳。

評論家認為，這首詩「是德國浪漫主義詩歌的範作」，為許多音樂家所喜愛，其「譜曲就有四十一種」之多。尤其最後一句，以「家園」象徵「理想」，「表現了詩人對完美世界的憧憬。它結構獨特，想像豐富」（註二）。其內容不僅深入，且具美的意象和意境，其表現不僅淺出易懂，更能給人以美感經驗。

所以，詩的創作，勿論古今中外，能有「深入的內容」，兼具「淺出的表現」，即為好詩，更有可能登上名詩之榜。而所謂「深入」，不僅指作者的意識要深入，情感要深入，且對所要運用的題材，更應經過深入研究，適當取捨。至於「淺出」，則是一種藝術手法，也是一種文字符號的運用技巧。能在淺白的詞句中，表現出深入的內容，以引起讀者的「情趣」，更是詩的「大眾化」所不可少者。總之，深入之目的，在使一首詩的內涵豐富。淺出之理想，在使一首詩能廣為讀者所接受，凡能流傳千古之佳作，莫不具有深入的內容，淺出的表現。

二〇〇〇年，六月十四日。

附註

註一：世界詩歌鑑賞大典，桑德堡所寫《霧》。（申奧譯，劉晨鋒註）。

註二：同前，艾興多夫所寫《月夜》。（錢春綺譯，溫仁百註）。

七、自然就是美

——詩的天人合一審美觀

詩屬文學，乃語言藝術之一。而藝術的基本特徵，必須具備形象性、主體性和審美性。其中審美性的美之表現，更是決定一件作品，是否能感人動人的主要關鍵。

美是什麼?黑格爾（Geory Wilhelm Friedrich Hegel, 1770-1831）說：「美是理念的感性顯現」。他認為「藝術美的本質在於感性形式體現出理性內容」（註一）。同時他更進一步將美學稱為「藝術哲學」，並「明確指出美學在藝術與哲學之間的橋樑作用」。而這兩者：「哲學代表著人類理性的最高形式，藝術代表著人類感性的最高形式，它們一道構成了人類精神王國的兩座高峰」（註二）。前者屬於作品的內容，後者屬於作品的形式，要內容和形式的完美統一，才能達到美學的要求。

例如朱熹的《觀書有感》：

半畝方塘一鑑開，天光雲影共徘徊，

問渠那得清如許，為有源頭活水來。

這首詩在闡明「理一萬殊」的哲理。指出那「天光雲影」，及「清如許」的「渠」等一切萬象，都是來自「源頭活水」的「義理」。是一首理念透過感性顯現的好詩。

就美學理論言，美有「自然美」與「藝術美」之別。但此所謂自然美的「自然」，非指西洋浪漫主義（Romanticism）和自然主義（Naturalism）所提出的「自然」。因為前者是指「人類的本性」，高唱自由解放，主張「詩是人的情感的自然流露」，要求盡量發揮其赤裸裸的自我本性。後者則是指「自然科學」，重理智，主張純客觀、無感覺（Impassivity），站在自然科學的機械觀上，把科學的研究方法，應用到文學的創作上來（註三）。因此自然美的「自然」，應從其本義來探討。根據辭典解釋：第一，自然即「天然」，凡未加人工造作者，如自然界、自然現象、天理、天道等。第二，自然即不加「勉強」，以藝術創作言，凡對自然素材加以人工的藝術造作者，都應如蘇軾所指之行雲流水，「行其所當行，止其所當止」；而與天合一，順勢導引，率性以成。俾其能產生「巧奪天工」、「天衣無縫」的藝術的審美境界，這「天人合一的表現說」，也是中國傳統哲學中的美學。

藝術美與自然美雖有分別，但兩者卻有不可分的關係。因為藝術美的創造，首先必須把握全部或部分的自然形式，否則不可能有創造的成果。趙雅博教授說：「藝術品只是自然形式的無限美的可能性，引歸到一種可能性，而將這種美的可能性，在藝術品內，由藝術揀擇而與以實現」（註四）。另一方面，若自然美有不足或散亂，還可通過藝術美的創造，以使其更完美。故「藝術美可以補天之不足，可以聚諸美之大成。這便是藝術家的創作。藝術美的崇高就在這裡可以現出來了」（註五）。因此藝術美實源於自然美，也可說：自然就是美。

所以，從藝術美與自然美的關係來看，「天人合一」的藝術美之創造，更是詩創作所必需。以詩所要求的「意象」和「意境」來探討：所謂「意象」，是詩人主觀的意識，和客觀的形象融合而成。亦即是自然的形象，加上人為的造作，以「天人合一」的藝術技巧所成就。而所謂「意境」，則是「一種情景交融的境界，是藝術中主客觀因素的有機統一。意境中既有來自藝術家主觀的『情』，又有來自客觀現實升華的『境』。……它是情與景、意與境的統一」（註六）。這更是「天人合一」的審美境界。例如柳宗元的《江雪》：

千山鳥飛絕，萬徑人蹤滅。

孤舟簑笠翁，獨釣寒江雪。

這首詩看似一幅單純的山水畫，實際詩人已將自己的性格、思想和情感，毫無痕跡地融入其中了。所以詩評家說：這幅畫所要表現的，是「在萬籟俱寂的雪海中，老漁翁清高孤傲、敢於抗爭的性格似乎躍然紙上，如在眼前。聯想到柳宗元寫此詩時正遭貶謫，就可以看出詩人是借景抒情、寓情於景，以此來抒發自己壓抑苦悶的情感和倔強不屈的性格」（註七）。這首詩的可貴處，也就在其能以人為的工夫，將自己的意識，化為自然的美，而達到了「天人合一」的最高審美境界，因此成為流傳千古的佳作。

柏拉圖（Plato, 427-347 BC）說：「美是真理的光輝，故美與真，有密切的關係。不過，「藝術中的『真』，並不等於生活中的真實，而是通過藝術家的創造……通過提煉和加工，使生活的真實昇華為藝術真實，也就是化『真』為『美』，通過藝術的形象體現出來」（註八）。例如法國詩人艾呂雅（Paul Eluard, 1895-1952）的《善良的正義》：

這是人類熱烈的規律：
用葡萄，他們製造酒，
用煤炭，他們製造火，
用親吻，他們製造人。

這是人類嚴峻的規律：
不顧戰爭和苦難，
不顧致命的危險，
生命反正要保全。

這是人類甜蜜的規律：
使水轉變為光明，
使夢轉變為現實，
使敵人轉變為兄弟。

這條規律既古老又新鮮，
從赤子之心的深處，
一直到理智的頂點，
規律越發展越完善。（羅大岡譯）

這首詩所呈現的，正是將抽象的「真」，化為藝術的「美」。詩評家認為：「所謂『善良的正義』，就是美好道德的公理。全詩從三個側面伸張這個『正義』：

人類要生活，要自衛，要創造。……它謳歌的正是『熱烈的』、『嚴峻的』、『甜蜜的』人類理想」（註九）。而這美好道德的正義，是本於人性的自然，這自然的真理，已通過詩人的藝術語言，將其化為藝術的「美」。因此，它達到了「天人合一」的審美境界。

法國作家小仲馬說：「任何文學，若不把完善道德、理想和有益作為目的，都是病態的、不健全的文學」（註一〇）。趙雅博教授也說：「美使人滿意、高興與歡欣。……具有這些特徵的事物，乃是一種可喜的善」（註一一）。所以勿論是道德或非道德的「善」，也都與文學和「美」有密切關係。若說「善」是一首詩的內容，「美」是一首詩的形式，則這「善」之內容的傳達，就不是直接的說教，而是要「化『善』為『美』」，體現為生動感人，有血有肉的藝術形象」（註一二），透過這藝術形象的「美」來表現。例如王建的《新嫁娘》：

三日入廚下，洗手作羹湯；
未諳姑食性，先遣小姑嘗。

這首詩把中國傳統的孝道美德，恰當地活現於紙上。讀時不僅覺得善良、溫馨，而且那美麗的新娘和小姑；那新娘洗手作羹湯的美麗動作，那小姑嘗的優雅姿態，無不給人以美感，因此，這是一首化善為美，非常成功的詩。

在現實裡，不管是自然和社會，除了有美之形象，也有醜的事物，因此美與醜，更有對比的關係。趙雅博教授說：「醜在今天的美學中，醜在今天的文學藝術中，佔了一個很重要的地位」。所以他提出《藝術中的醜美》論。他認為「自然醜可以用美的手法去處理，而使醜成為美，這是可能的，並且也是崇高的」（註一三）。換句話說，在我們日常生活中所遇見的「醜」，都可通過審美性的創造，將其化為「藝術美」。例如蘇軾的《花影》：

重重疊疊上瑤台，幾度呼童掃不開；
剛被太陽收拾去，卻教明月送將來。

這首詩，係將當時朝庭裡一群小人比作花影，有「幾度呼童掃不開」的討厭。因為當明君在位時他們被清除，不在位時他們又再度出現。這可稱是化醜為美的典型佳作。又如哭與笑相比，當然笑是美的，哭是醜的，可是白居易在《長恨歌》裡，卻將楊貴妃的哭，以「梨花一枝春帶雨」來美化了。

所以，從藝術的審美意識來看，「醜」是可以化為「美」的。不過，在化為「美」之後，實際上「事物本身『醜』的性質並沒有改變」，只是它「作為藝術形象，已經具有了審美意義」（註一四）。當然，「對於反道德的醜惡，我們則不作這樣的藉口」，因為，「使人深惡痛絕罪惡則可，但不可從此而教誨罪惡」（註一五）。

詩的創作，雖有自己獨特的語言符號和技巧，但其審美性和其他藝術是一樣的。不僅詩的美，應以「真」和「善」為前提，且要通過審美性的創作，以求真、善、美之統一。同時，我們也不應忽略事實上之「醜」的存在，善加導引以化「醜」為「美」，使其同樣具有審美價值，而產生藝術的魅力。

另一方面，我們更不可忽略「自然美」與「藝術美」的關係，是建立在「天人合一」的基礎上。而自然的人文化，人文的自然化，最後必然歸根到人文的「巧奪天工」、「天衣無縫」的「天人合一」的自然美，所以總結一句話：自然就是美。

二〇〇〇，九，一八，夜。

附註

註一：藝術概論——藝術的特徵。（彭吉象著）
註二：同前——藝術與哲學。
註三：西洋近代文藝思潮——現實主義。（徐偉著）
註四：抽象藝術——藝術美。（趙雅博著）

註五：同前。
註六：同註一——意境。
註七：同前——感情與理性的統一。
註八：同註一——審美性。
註九：世界詩歌鑑賞大典——艾呂雅。（王光評註）
註一〇：同註一——藝術與道德。
註一一：同註四——美的哲學觀念（代序）。
註一二：同註八。
註一三：同註四——藝術中的醜美。
註一四：同註八。
註一五：同註一三。

八、詩人的小我與大我

——從《革命之歌》來認識古丁先生

詩人寫詩的觀點，約可分為「小我」與「大我」。所謂「小我」，即指個人，乃一個具有主觀性的「自我體」。而「大我」，則是眾多「自我體」所組成的民族或國家，甚至涉及宇宙萬有的本體。由於詩是一種特別強調主體性的藝術，故無論「大我」或「小我」，都必然有詩人主觀的情和意融入其間。因此詩的創作，又可分為小我情意的抒發、大我意識的融入、化小我為大我的展現。現試舉王維的《竹里館》：

獨坐幽篁裡，彈琴復長嘯。
深林人不知，明月來相照。

這首大家都熟悉的詩，很明顯是屬於小我情意的抒發，詩人「抒發了安閑自得之情；並使外景與內情交融無間，融為一體」（註一）。這類小我情意的抒發，是詩人經常採用的觀點，故也是所有詩作中最多者。

一首詩，若在小我情意的抒發中，表現出大我的精神，那便是大我意識的融入。古來許多愛國詩，即屬此類。我國的愛國詩人，首推屈原，其代表作：《離騷》，雖屬小我抒情的自傳詩，但能從其小我中見大我，而「表現了詩人對崇高的政治理想的熱烈追求，和對邪惡勢力的不懈爭鬥」。詩中「表達了自己對祖國和人民的無限忠貞」（註二）。但可惜不能容於當朝，故在《漁父》中有「舉世皆濁我獨清，眾人皆醉我獨醒」之嘆，最後，終於投汨羅江而自殺。

屈原以後，中國歷代都有愛國詩人，寫出了不少愛國詩篇。試舉最為人所熟悉者：

杜甫：春望

國破山河在，城春草木深。
感時花濺淚，恨別鳥驚心。……

陸游：示兒

死去元知萬事空，但悲不見九州同。
王師北定中原日，家祭無忘告乃翁。

秋瑾：對酒

不惜千金買寶刀，貂裘換酒也堪豪。
一腔熱血勤珍重，灑去猶能化碧濤。

這三首詩，各有其動人的故事背景。《春望》是安祿山造反佔領長安，杜甫被困時所寫。《示兒》是陸游臨終時，仍關心國是所寫。《對酒》是秋瑾從事革命，不惜犧牲生命的豪語。

詩人對「大我」與「小我」的關係之運用。除了將大我的意識融入小我，以小我的抒情來表現外，更可進一步，直接化小我為大我。將小我的熱情，完全融入大我的意識，詩中只見大我的展現，不見小我的痕跡。根據我手邊現有的資料，這類作品，除了印度奈都夫人有一首《印度的貢獻》外，在中國就只有《革命之歌》了。

古丁先生的《革命之歌》，是一首長達一千四百多行的史詩。從頭到尾，都將小我的熱情，融入中華民族的大我之中；以「我們」來代表中華民族或革命黨人，完全不露一點小我的痕跡。原著共分三章，現摘錄部分詩句如下：

第一章

悠久的歷史和古老的文明
構成我們偉大的背景
以東方的絢麗色彩

以奔放的筆觸
如巴顏喀喇山下唱歌的河流
橫貫全幅錦繡的大地
在太平洋之濱……

我們站著，如英雄似的
意識裡只敲打著迎戰的鼓聲
不作斷臂的塑像之夢——
看長河的落日……

我們站著
像一棵生長的樹
迎著朝來的寒雨晚來的風……
風暴從西方海洋上吹來時
潮流在拍擊著我們的赤裸

羅馬人在焚城，我們有人依然彈琴奏樂……
國民們醒來
勿再沉睡著如在夢中……

我們要開創一個民國
從南方出發
不祭天主，不追悼義和團的冤魂
只給你們一個領袖，一個主義
一個信仰，一個方略……

要緊的是完成心中的願望
人心已經歸漢
誰還能抵得住這種潮流？……

以歡欣的綠芽
迎接了春天的降臨

像百鳥在林中歌唱
以相同的喜悅
宣佈了中華民國的誕生

第二章

如果帝王的思想不復活
我們要齊心向著現代的路上移動……

先烈們的血跡未乾
我們又重回到地下的戰場……

帝制的餘孽像一種瘟疫
在我們多難的土地上到處傳染
撲滅了一個袁世凱
又發現一種新的惡疫……
讓我們夷平軍閥們的野心……

午夜的黑暗漸漸過完……

當北伐總司令去西山
　祭告總理之靈
我們的笑容裡便含著激動的眼淚
慶幸革命領導的成功
慶幸祖國又渡過了一段艱險的日子

第三章

當蘆溝橋的槍聲
在驚醒午夜的中國
「七七」竟是中國復興的起點
卻是日本人敲響自己喪鐘的時候……

國民們不要驚慌
半壁江山的淪陷在換取時間
那是一種戰略

一個陷阱
讓侵略者把雙腳踏進來……

只有米蘇里鑑在等著
只有波茨坦宣言
中國已成為世界上的強國
無論你承不承認
日本人在痛哭
在低著頭走過街頭……

現在我們又站起來了
國民們
不要回憶過去的失意……
我們仍像英雄似的站著
像過去在東方站了幾千年……

青天白日的旗仍飄揚著
光亮如海上的燈塔
指引著遠方航來的受難船隻
讓他們說：
　這裡仍站著一個偉大的民族

古丁先生這首《革命之歌》，是一九六五年國軍第一屆文藝金像獎得獎作品。從詩句中可以看出，詩人是以大我的精神，將小我的愛國熱情融入其間，藝術地表現了大我中有小我，而無小我的痕跡。雖然現在那段歷史背景已成過去，但愛國精神是永恒的。現在有些人不重視歷史，甚至故意誇大其弱點，抹殺其優點，而不忠於歷史原貌。不過毫無疑問，國軍文藝金像獎的設立，在中國文藝史上有其重要的一頁。因為文藝並不是如某些人所說，要達到什麼希望。文藝的主要功能，在反映一個時代，表現一段歷史，而歷史是任何人都無法抹殺的。

一九七八年，在國軍第十四屆文藝金像獎頒獎典禮中，我曾和《秋水》主編涂靜怡小姐，就有過一面之緣，但當時並未經介紹我與古丁先生認識。現在古丁先生已逝世二十周年，回想當年，若無他思及《莊子·秋水》篇以創辦《秋水詩刊》，又那有今天的《秋水》成就。古丁先生的精神，有如最早認定的黃河源頭「星宿海」，所以我寫了一首《星宿海禮讚》在本期《秋水》發表，以示崇敬。

二〇〇〇，一二，二。

附註

註一：唐詩三百首譯析——王維：竹里館。（李星，李淼譯註）

註二：楚辭——離騷導讀。（黃壽祺・梅桐生譯註）

九、詩之謎

最近在書店裡，發現一本《波赫士談詩論藝》（註一）。其中第一講：《詩之謎（The Riddle of Poetry）》，這個「謎」字引起我的興趣，因此買了一本來閱讀。雖然作者一開始就提醒讀者：「你或許會認為我自己誤以為已經找到了閱讀謎題的正確方法，事實上我沒有什麼驚世的大發現可以奉告」。不過，從整本書的內容來看，作者還是提出了一些詩之「謎」的解答。

首先我們想到：什麼是「謎」？詩之「謎」是什麼？根據一般字典解釋，「謎」是一種「隱語」，影射事物供人猜測。或是指那難以理解的事物，如「宇宙之謎」等。而「隱語」又名「廋詞」，因為「廋」即隱藏之義。據學者專家研究，在我國春秋戰國時代就已經有了（註二）。所以「詩之謎」即「詩的隱語」，甚至有人認為「詩就是隱語」，用以暗示詩人所要表達的思想與情感。

由於詩是藝術，為達到藝術的效果，故特重暗示，避免平鋪直說。詩人的思想與情感，都應以暗示來表達。於是那所要表達的，就自然成為「謎」了。而暗示的首要方法，就是「隱喻」。所以作者緊接第一講後，第二講就以《隱喻（The metaphor）》為題，其他各講都多少與此有關。不過，在談「隱喻」前，作者先提到的，則是「隱喻」所使用的語言和文字。因為他同意一種說法：「每一個字都是死去的隱喻」（註三）。

的確，就藝術來看，詩、語言、文字三者，實際是三位一體，不可分割。也可說，詩就是一種語言文字的藝術。而語言，誠如作者所云：「不是從圖書館裡頭產生的」，而是「經過一段相當冗長的時間醞釀的，是農夫、漁民、獵人、騎士等人所演進出來的」，所以「語言是永遠不斷變更的」（註四）。詩所要採用的語言，自然就是要這種不斷變動的「活的語言」。同時，詩不僅需要活的語言，也需要「音樂的語言」。因為音樂也是一種語言，「是我們能夠使用的語言，是我們能夠了解的語言，不過卻是我們無法翻譯的」（註五）。雖然音樂語言不同於一般語言，但兩者都可由聲音的高低、快慢、流暢和停頓等之變化而產生旋律，故一般語言也可以是一種音樂語言。

作者指出：「詩歌的題材就是文字，而這些文字也就是日常生活中的對話題材」（註六）。所謂對話亦即語言，故語言也就是文字；文字是語言的「符號」，是將語言的「聲」化為「形」，以便記錄或記憶。因此若說音樂是語言，則音樂之「音符」，也是文字的一種。

根據作者的說法：「文字之所以為詩，是因為文字背後的情境」（註七）。而「情境」，可解讀為詩的「意象」和「意境」。換句話說，文字除了有形、有聲外，還有其內在的意涵，每個字都各有其自己的意義。所以文字，尤其中國的文字，是形、聲、義三者具備。而其形與聲，構成詩的形式。其義，則為詩的內容。這詩的形式和內容，都必須要有藝術之美、音樂之美，因為「所有的藝術都渴望達到音樂的境界」（註八）。詩，當然也不能例外；一首美好的詩，不僅要能讀，還要能吟能唱，意味無窮。

若從一般的文字來看，因為「每個字都是死去的隱喻」，故每個字，除了含有明白的原義外，都帶有多變的隱喻性，都隱藏了一種神秘的魔力。只是還要經過藝術的手法，巧妙的運用，才能產生隱喻的效果，讓其魔力能發揮。若從音樂的語言來說，則純音樂無明白的原義，每一節奏和旋律，都只有隱喻性。故音樂雖「是我們能夠使用的語言」，但「卻是我們無法翻譯的」，只可意會，不能言傳。所以詩要避免平鋪直敘，以達美的藝術境界，就必須透過隱喻的暗示，透過詩的音樂性。而詩之「謎」，就在詩的隱喻中，在詩的音樂裡。有的可以解開，有的則只能心領神會，不能言傳。隱喻的藝術技巧，是多變的，很微妙的。例如同樣以星星來隱喻眼睛，或以眼睛來隱喻星星，就各有不同的手法，看作者所舉三例：

一

我希望化為夜晚，
這樣我才能用數千隻的眼睛看著你入睡。

二

天上的星星正往下看。

三

我不會活到老得看不見壯闊夜色升空，
天邊有一片比世界還大的雲，
還有一個由眼睛組成的怪獸。

在這三個例子中，第一例使人「感受到了文字背後的溫柔」。第二例使人覺的，一種天空「對人類超凡的冷淡」。在第三例裡，「稀鬆平常的夜晚也可能會變成夢魘」（註九）。而溫柔、冷淡、夢魘，似乎即意謂：就在這些詩句中，每句都隱藏有自己的「謎」。由於想像的不同，文字的質變與量變之運用，它們都屬於詩的隱喻藝術。除此以外，作者又另舉一例：

三重夜晚的七弦琴

這是什麼意思？據他發現，應是出於希臘羅馬的神話，意指「七弦琴」，為朱比特（Jupiter）經過漫長的三夜所誕生之海克力斯（Hercules）。如此的解釋「有點牛頭不對馬嘴」，且對詩句本身也是一種傷害。所以他的結論是：「就讓這首詩維持住謎樣的面貌，我們沒有必要把謎解開，謎底就在詩裡頭了」（註一〇）。又如：

不過我還有未了的承諾要實現，
在我入睡之前還有幾哩路要趕，
在我入睡之前還有幾哩路要趕。

作者認為，詩中第二行「在我入睡之前還有幾哩路要趕」，是一種陳述。但第三行重複第二行時，「在我入睡之前還有幾哩路要趕」就變成一句隱喻了。所以，「隱喻不只是單純地把某件事比喻成另外一件事而已」，還應該「用更為精緻的方式來處理」（註一一）。當然，除了隱喻外，還有其他方法可構成詩之「謎」，如象徵，如擬人、直觀、斷片的看法等。

從以上探討，可見詩多含有隱藏之「謎」，無隱藏之「謎」者，就缺乏詩的情趣。同時，「謎」在中國」，還特別演變成一種非常豐富的「謎語」文學。事實上在中國文學裡，謎語和詩，確有不可分的關係。根據專家研究，「南宋人詩，幾全是謎語」（註一二）。不過從根本講，謎語和詩仍有差別。謎語是一種純智慧的文字遊戲，有一定的「謎面」，就有一定的「謎底」。其中雖有想像空間，但卻無抒情成分。而詩之「謎」，不僅形式不一，內容多變；有更大想像空間，有濃濃的抒情成分；是智慧的，更是一種追求美的藝術。

詩的創作方法很多，但最值得一提的是：「詩人使用很平凡的文字」，「卻能讓詩的感覺很不平凡——也就是從詩裡面變出魔術」（註一三）。而更重要者，必須使人能感受其「背後的感情，這些感情都是真實的」（註一四）。因為我們在讀詩時，「是先感受到詩的美感，而後才開始思考詩的意義」（註一五）。你認為呢？這是否就是中國新詩今後應走的道路？

二〇〇一，三，一三。

附註

註一：爲阿根廷作家波赫士（Jorge Luis Borges, 1899-1986）著。凱林——安德米海列司庫（Calin-Andrei Mihailescu）編。陳重仁譯。

註二：中國趣味文學大全，精華本——謎語類。楊仲揆著。

註三：波赫士談詩論藝——第二講。
註四：同前——第一講、第五講。
註五：同前，第五講。
註六：同前，第五講。
註七：同前，第一講。
註八：同前，第五講。
註九：同前，第二講。
註一〇：同前，第五講。
註一一：同前，第六講。
註一二：同註二。
註一三：同註五。
註一四：同註五。
註一五：同註五。

一〇、詩與酒
——兼談《微醉》之創作

在一些詩人的小故事中，我們發現詩的創作，或多或少，直接或間接，都與酒有關係。例如在唐代詩人中，李白、賀之章、李適之等八人，號稱「飲中八仙」，杜甫特作《飲中八仙歌》。在歌詞裡，對李白有生動描寫：

李白斗酒詩百篇，長安市上酒家眠；
天子呼來不上船，自稱臣是酒中仙。

據說李白膾炙人口的三首《清平調》，其中「雲想衣裳花想容，春風拂檻露華濃」、「一枝紅豔露凝香，雲衣巫山枉斷腸」等美的詩句，就是於酒醉後，在醉眼朦朧中所寫成。而所謂「酒家」，即指酒樓或妓館，「多有藝妓宥酒伴飲，更以歌唱及彈奏娛客」。藝妓「也往往多能詩詞，談吐不俗」。因此「唐代名士發表作品，流行作品，甚至比賽作品」，都在這種場所。當時「王昌齡、高適、王之渙三人，即曾一次以酒樓歌妓所唱詩為比賽」（註一）。又如：

一，金陵酒肆留別　李白

風吹柳花滿店香，吳姬壓酒勸客嘗。
金陵子弟來相送，欲行不行各盡觴。
請君試問東流水，別意與之誰短長？

二，遣懷　杜牧

落魄江湖載酒行，楚腰纖細掌中輕，
十年一覺楊州夢，贏得青樓薄幸名。

這兩首詩，前者「是一幅栩栩如生的江南酒店送別圖」。後者是杜牧消極的排遣情懷之作。兩詩都與酒店、藝妓有關，更與酒有關。

酒的發明，有人說是來自猿猴儲藏果實，有人說是夏禹的臣子儀狄；一般說法，多指夏朝的杜康。杜康即夏朝第十五代君王——少康（註二）。因此曹操在《短歌行》中，直接以「杜康」名之，有如下詩句：

對酒當歌，人生幾何，
譬如朝露，去日苦多。
慨當以慷，憂思難忘，

何以解憂，唯有杜康。……

酒有「白酒」與「黃酒」之分，又有「清酒」與「濁酒」之別。古人更稱清酒為「聖人」，濁酒為「賢人」。故李適之的《罷相作》，有如下詩句：

避賢初罷相，樂聖且銜杯；
為問門前客，今朝幾個來？

所謂「樂聖且銜杯」，即樂於學古時的酒聖，沒事時就喝幾杯。同時酒的發明，不僅中國很早，西洋也不例外，因為在西洋最早的神話中，酒神就已佔有一席之地；希臘的酒神名狄奧尼索斯（Dionysus）。羅馬的酒神名巴克斯（Bacchus）。所以公元前五百七十年前的希臘詩人——阿爾凱奧斯（Alcaos, ?-570 B.C），就已寫出有名的《進酒歌》：

宙斯點首天風急，
長河冰封水不流。
為禦寒，且生火，
大缸調蜜酒，
高枕樂悠悠。
牢騷滿腹何堪用，

愁絲莫教繫心頭。

美酒乃良藥，

一醉解千愁。

詩評家辜正坤教授認為，這首詩使人聯想到李白的《將進酒》（註三），李詩中：「人生得意須盡歡，莫使金樽空對月」。「五花馬，千金裘，呼兒將出換美酒，與爾同銷萬古愁」。簡直與阿氏詩的意境神似。可見東西文化雖各有不同，但酒所給人類帶來的感受是一樣的；酒能使人忘憂、快樂，尤其能帶來「李白斗酒詩百篇」的靈感，所以詩人更有偏好。

酒是含乙醇（酒精）的飲料，乙醇含量由百分之十以下，到百分之五十以上，種類繁多。其對人體作用，包括神經、心臟、血管、皮膚等各器官。若單以對人之心智有關的中樞神經系統言，則有賴似麻醉藥之作用，能分別興奮和抑制神經中樞的不同部位。因此人在適量喝酒後，精神振奮、熱情洋溢，思想奔馳，不受理智約束，有忘憂而自由之快感。所以人在閒時、愁時、愉快時，多喜小酌或暢飲。而在喜慶、宴會、餐館、酒樓，也無不以酒來活躍氣氛，製造歡樂。古來的飲酒詩，不外以下各類：

一、獨酌，如李白《月下獨酌》：

花間一壺酒，獨酌無相親。
舉杯邀明月，對影成三人。
月既不解影，影徒隨我身。
暫伴月將影，行樂須及春。……

二、感慨，如杜甫《曲江對酒》（其一）：

一片飛花減卻春，風飄萬點正愁人；
且看欲盡花經眼，莫厭傷多酒入唇。
江上小堂巢翡翠，苑邊高塚臥麒麟；
細推物理須行樂，何用浮名絆此身。

三、送別，如王維《渭城曲》：

渭城朝雨浥輕塵，客舍青青柳色新。
勸君更盡一杯酒，西出陽關無故人。

四、鄉愁，如李白《客中行》：

蘭陵美酒鬱金香，玉碗盛來琥珀光；
但使主人能醉客，不知何處是他鄉。

五、豪情，如王翰《涼州曲》：

葡萄美酒夜光杯，欲飲琵琶馬上催。
醉臥沙場君莫笑，古來征戰幾人回？

以上只是概分，略為例舉。最後一首《涼州曲》，又稱邊塞詩。不僅很美，且充滿大丈夫的豪情，故以豪情類之。其實有關飲酒的詩，在西洋也不少。例如古希臘的阿那克里翁（Anacreon, 570-? B.C.）之《飲酒歌》，一開始就說：「拿水來，拿酒來，小伙子／再給我拿幾個花環／我要和愛情角鬥……」（註四）。又如阿拉伯詩人艾布・努瓦斯（Abu Nuwas, 762-813）所寫《人生就是酒醉一場又一場》：「是酒就說明白，讓我豪飲開懷／別讓我偷偷地喝，如果能公開／人生就是酒醉一場又一場／唯有長醉歲月才逍遙自在……」（註五）。再如俄國人普希金（Anekcah II Cepres BNU II YIIIKUH, 1799-1837）在其《酒神之歌》中說：「斟吧，快把這杯酒斟滿／對著濃鬱的酒／把定情的指環／投到杯底去，聽一聲叮當的響……」（註六）。

拙作《微醉》，是本年春節期間，酒後所寫，發表於《秋水》一〇九期。我認為酒醉可分三級，第一級是微醉，第二級是沉醉，第三級是爛醉。我的飲酒哲學是：飲酒不可沉醉或爛醉，但必須微醉。因為那微醉後「淺淺的醉意／綻開出純真的笑容」，是一種飲酒之美。這首詩全用微醉者的口吻，開始第一段：「請妳為我／斟滿一杯葡萄美酒／喝一杯／讓我微醉」。我選擇「葡萄美酒」，是因其能給人以美感和快感。接下去第二段，在微醉者眼裡：「月最圓，星最亮／妳最美，百花／都會開放」。第三段，在微醉者心底：「情最濃，意最深／愛最純，萬事／我都明白」。第四段、五段，說明「微醉不是沉醉」、「微醉不是爛醉」。第六段、七段，是有感人生無常，所以要「喝一杯葡萄美酒／讓我微醉」。第八段點出：「飲酒必須微醉」的哲理。末尾一段，則歸結到人生最美的理想：

請再為妳和我
斟滿一杯輕言細語
花前月下共飲
我們都微醉……

二〇〇一，五，二九。

附註

註一：趣味文學——名士與名妓。（楊仲揆編著）。
註二：健康酒——酒的起源與傳說。（吳恭平著）。

註三：世界詩歌鑑賞大典——阿爾凱奧斯。（辜正坤評譯）。
註四：同前——飲酒歌。（水建馥譯）。
註五：同前——人生就是酒醉一場又一場。（仲躋昆評譯）。
註六：同前——酒神之歌。（查良錚譯）。

一一、詩創作的藝術思維

詩是一種藝術，是「用語言塑造形象以反映社會生活和表達作者思想感情的藝術」（註一）。因此，詩的創作構思，自然是一種藝術思維。

藝術思維有三大特徵：一，是以邏輯思維為基礎，形象思維為主體。二，具有審美特性的形象，不離整個構思過程。三，藝術的構思過程，是一種強烈的審美情感活動，以創造蘊含豐富審美情感的藝術形象為目的（註二）。而所謂邏輯思維，即抽象思維，與形象思維不同，因為「抽象思維是運用概念來進行判斷、推理和論證。形象思維則是運用一定的形象來感知、把握和認識事物」。抽象思維靠邏輯推理，形象思維靠想像、情感等多種心理活動。抽象思維重分析，形象思維重整體。抽象思維是理性的運用，形象思維乃感性的發揮。而理性的最高形式以哲學為代表，感性的最高形式則以藝術為代表（註三）。哲學與藝術，在詩的創作中有極密切不可分的關係。

詩的構思，除了形象思維與抽象思維外，靈感思維更重要。所謂靈感思維，乃是「人的大腦皮質高度興奮時的一種特殊的心理狀態和思維方式」。是在前兩種思維的基礎上，「突如其來地產生出新概念或新意象的頓悟式思維形式」。但靈感的產生不是平空得來，而是作者經過「長期精心構思、艱苦尋覓的精神能量，「在一瞬間的突然爆發」。也只有作者「嘔心瀝血地探尋，鍥而不捨地追求，孜孜不倦地苦思，才能獲得」（註四）。

從詩最顯著的特徵來看，詩「是飽含著詩人豐富的想像和情感，要求詩人將自己既反映一定現實感性形象，又包含強烈思想情感的各種審美意象，在短小篇幅中，加以高度濃縮和組合，熔鑄成一種情景交融的意境」（註五）。而意象和意境之「意」，蘊含著詩人的審美理想；是其主觀理性對客觀事物本質的認識和價值判斷，在構思中屬抽象思維。其意象和意境之「象」與「境」，則為詩人主觀的感性對客觀情景的直接感知，屬形象思維。因此詩創作的構思活動，抽象思維可以成詩，形象思維可以成詩，兩者相輔相成、互為補充，互相推動更可以成詩。故以詩創作的構思活動來看，詩可分三大類：

第一類，由抽象思維所成者，其中無形象，但卻飽含情意，同樣構成詩的意境，例如：

一、因爲，所以

汪洋萍

因為
珍惜此生
所以
我思念父母

因為
我正蒙恩受惠
所以
我飲水思源

因為
眾人供我所需
所以
我毫無保留的奉獻

二、苦痛與狂歡

米開朗基羅（1475-1564）

我們應當敢於正視痛苦，
尊敬痛苦。
歡樂固然值得稱讚，
痛苦亦何嘗不值得稱讚？
這兩位是姊妹，
而且都是聖者。
她們鍛煉人類開展偉大的心魄，
她們是力、是生、是神。
凡是不能兼愛歡樂與痛苦的人，
便是既不愛歡樂，
亦不愛痛苦；
凡能體味它們的，
方懂得人生的價值
和離開人生時的甜蜜。（傅雷譯，題目是譯者所加）

這兩首詩，前者飽含情意，以邏輯推理方式，創造了詩的意境。後者以正反辯證的推論，來闡明哲理，有獨到的經驗意識，其所構成的意境更有啓發作用。

第二類，由形象思維所成者，多含藝術形象，富有直觀性和生動性，有的情景交融構成圖畫美，有的則內含節奏和韻律之音樂美。例如：

一、絕句 杜 甫

兩個黃鸝鳴翠柳，一行白鷺上青天；
窗含西嶺千秋雪，門泊東吳萬里船。

二、無題 李商隱

相見時難別亦難，東風無力百花殘。
春蠶到死絲方盡，蠟炬成灰淚始乾。……

三、山與石像 涂靜怡

就這樣
冷冷地對立著
立千百年也不要變
我是彼岸的那座山
你乃一尊
不要陽光不要雨露的石像

我們雖然隔著一條河
立的姿勢卻是一個樣
我們都不會花言巧語
都不愛開口說話

或許
淙淙的流水中有你的心聲
或許
默默裡有我欲說的話
只是我們什麼也不必說了
就這樣冷冷地對立下去
立成一部史書
　一則故事
　一個永恆

四、秋歌　保羅・魏爾崙（1844-1894）

秋日的

提琴
　長嘆的嗚咽
用單調的
弱調
　傷我心。

當鐘鳴時
一切暗澹
　而窒息，
　我回思
往日
　泫然欲泣。

我置身於
疾風裡
　風把我帶去

像一片
死葉
忽東，忽西。（覃子豪譯）

這四首詩，第一首是以顯明的形象，動靜相配，情景交融的美的圖畫。第二首是將「春蠶」與「蠟炬」的形象予以擬人化，來比喻強烈的相思，和至死不渝的愛情。第三首是以「山」與「石像」的兩種藝術形象，在一條河的兩岸對立關係中，以沉默來訴說心聲，以「對立下去」來表示永恆。第四首是以提琴聲、鐘鳴聲，以及在疾風裡忽東忽西的死葉等不同形象，在秋天所帶給作者的感傷。整首詩的節奏和韻律，更具有詩的音樂美。

第三類，由抽象思維、形象思維，加上靈感思維，在其複雜的辯證關係中，彼此滲透，相互影響所成者。不僅具有藝術形象，也具有感情性和思想性。有形式美、內容美，也可能含有深遠的藝術意蘊。例如：

一、偶成　程　顥

閒來無事不從容，睡覺東窗日已紅；
萬物靜觀皆自得，四時佳興與人同。
道通天地有形外，思入風雲變態中；

富貴不淫貧賤樂，男兒到此是豪雄。

二、餐桌上的詩　琹　川

把發酵過的語言
烤成一片片香軟的鬆餅
啜口新鮮的柳橙光汁
通體流暢　甦醒的后土
在方寸之間
塵埃靜落　清明轉生
滿窗鳥語盡是寺外之音

三、讓我遺忘　靈　歌

讓我將這世界遺忘
走進一盞燈的眸裡
輝煌屬於自己
暗淡也是
讓我走出這世界

走出噪音以及憂煩
只要一片淺淺的綠
一灣澄澈的藍
沉思　靜坐
閒步　小唱

讓我走進一本書
孤獨的影子
讓我走進一茅廬
一雙纖纖素手
一對溫柔的黑瞳
便將這世界遺忘

四、卡秋莎　伊薩科夫斯基（1900-1973）

蘋果花和梨花已經開放，
河上的薄霧輕輕地盪漾，
在高而峻峭的河岸上，

走來了卡秋莎姑娘。

她走著，唱出優美的歌聲，
歌唱草原藍色的雄鷹，
歌唱她熱愛著的人，
她正珍藏著他的來信。

你呵，姑娘的歌聲，
跟隨著灼爍的太陽飛翔，
把卡秋莎的致敬，
帶給戰士，在遙遠的邊疆。

讓他記起這樸素的姑娘，
聽一聽她怎樣歌唱。
讓他保衛著祖國的邊疆，
卡秋莎把愛情永遠保藏。

蘋果花和梨花已經開放，
河上的薄霧輕輕地盪漾，
在高而峻峭的河岸上，
走來了卡秋莎姑娘。（藍　曼譯）

以上四首詩，第一首是無形的「道」，與有形的天地風雲等，所融合而成的哲理詩。第二首將語言化為鬆餅、將方寸之心化為后土，以新鮮的柳橙汁比著晨光，是抽象思維與形象思維融合而成的佳作。第三首以燈和眸來象徵光明、綠和藍來象徵平靜，令人嚮往。一本書、一間茅蘆，雖然其中有孤獨感，但只要有一雙素手、一對溫柔的眼睛，便可使人把世界遺忘。這是一首濃情意深的好詩。第四首，是詩，也是一首俄羅斯的抒情歌曲，勿論戰時或戰後，勿論前方或後方，當時全球各地都在唱《卡秋莎》。評論家認為這首詩之所以能超越時代、超越國界，成為舉世共賞的藝術之花，主要是因為「將人類兩種最普遍、最美好的感情——愛情與愛國之情熔於一爐，而且將戀人之間的忠誠統一在雙雙忠於祖國的渾厚基礎上」，同時在形象、風格、語言諸方面都有創造性表現，「加之樂曲與詩高度諧和，因而把俄羅斯少女那純真、崇高的深情傳達得親切而動人心弦」（註六），致能成為不朽的名詩。

詩的創作，在構思活動中，是一種複雜的心理過程，也是一項艱苦的腦力勞動。詩人在深入觀察和體驗生活的基礎上，經過抽象思維、形象思維，或靈感思維，來對有關素材加以選擇、加工、提煉、組合，融會了想像、情感等多種心理因素，以形成主觀與客觀統一、現象與本質統一、感性與理性統一後，才能產生一首具有藝術形象和優美意境的佳作。尤其豐富的想像和濃厚的情感，更是詩的構思活動所不能缺少者。而靈感思維，不僅是苦思的頓悟，有時也是構思活動的起火點和推動者，作為一位詩人，是不可不加以重視的。

二〇〇一，九，二三。

附註

註一：藝術學概論——詩歌。（彭吉象著）

註二：參考《美學辭典——藝術構思》。（周述成、王一川）

註三：同註一——形象思維與抽象思維、靈感思維。藝術與哲學。

註四：同註三。

註五：同註二——詩歌。（周平）

註六：世界詩歌鑑賞大典——卡秋莎。（傅品思）

一二、知性語言和感性語言

——詩的煉金術

從藝術觀點來說，「詩是語言的藝術」。因為「詩的表現，要藉語言為媒介。表現是否完美，完全在於語言的運用是否成功」（註一）。一首成功的詩，不能缺乏藝術的語言美。故詩「特別注意運用優美的語言來創造情景交融的意境」（註二）。也「正因為如此，真正的文學大師終身都在錘煉他們的語言」（註三）。

要瞭解詩的語言藝術，首先應知：語言「是一種具有典型意義的符號系統，一種在各方面都符合符號本質規定的『純粹符號』。因此，人們運用語言不僅能夠表達感覺世界中的一切現實存在，表達某些隱蔽起來的事實，甚至可以表達那些無感覺的無形觀念」（註四）。所以語言是一種最完全便利的符號系統，尤其中國的語文符號，更「是世界文字中一個龐大而微妙、成系統、有規律的特殊大家族」（註五）。

語言有一般口頭語言、文字語言，和特殊的藝術語言。在一般語言中，前者有聲，後者無聲。而藝術語言，則是泛指任何一門藝術，其用以創造藝術形象的獨特表現方式或表現手段。如「繪畫語言包括線條、色彩、構圖等。音樂語言包括旋律、和聲、節奏等。電影語言包括畫面、音樂、蒙太奇等」（註六）。其實人類語言，是一套音義結合最完善的符號系統，它不僅能代表實際事物、情境，同時也是其他具體刺激物所不能比擬的，非常有效的信號刺激物。人類一切思想活動、情感激發、認識世界、社會交往、傳達信息等，無不有賴其參與運作。而詩的語言藝術，就是一種運用語言文字來「塑造形象、反映社會生活的美醜屬性，表現作者審美意識（情感、趣味、觀點、思想）的藝術」（註七）。換句話說，詩的創作，不能採用一般語言，而必須是從一般語言中，「剔除其雜質和糟粕後」的「純潔、健康，具有高度表現力和強烈感染力的語言」（註八）。尤其詩人，更必須是「語言的煉金師」，「不接受別人都自然接受的日常平庸、廉價，而且具備高度獨裁性格的語言系統」，「要靠日常語言的材料，創造出原本不屬於日常生活所可以擁有的黃金」，要能「在平庸、廉價、無聊的日常語言裡，變造出無價之寶」（註九），也就是具有語言美的藝術語言。

從心理學觀點來看，言為心聲，語言美為心靈美的外在表現。故就其本質言，有知性也有感性；語言來自知性者為「知性語言」。來自感性者為「感性語言」。不過，運用於詩的知性語言，不僅不能無理性成分，更要求是悟性的智慧結晶。運用於詩的感性語言，不僅須內含豐富的情感成分，更要求能將詩人的情緒波動與以精緻雕琢。例如泰戈爾的詩句：

一、富於知性語言者

在黑暗之中，「一元」千篇一律；
在光明之中，「一元」卻變化多端。

權力對世界宣告：「妳是我的」。
於是世界將權力囚禁在她的寶座上。
愛則對世界說：「我屬於妳」。
於是愛得以在世界之屋中自由來去。

二、富於感性語言者

讓我化為你的酒杯，
讓我為了你，
也為了那屬於你的一切而滿溢。

請喝我杯中的酒，
我的朋友！
這酒若倒進別人的杯中，
圍繞的泡沫便會消失無蹤。（連方譯）

其實，在一首詩中，知性語言和感性語言常常合併運用，融為一體，有時很難截然區分。例如：

一、渭城曲 王 維

渭城朝雨浥輕塵，客舍青青柳色新。
勸君更盡一杯酒，西出陽關無故人。

二、登幽州臺歌 陳子昂

前不見古人，後不見來者。
念天地之悠悠，獨愴然而涕下。

這兩首詩，都是知性語言和感性語言合併運用。第一首前兩句，顯然是當時景物的知性介紹，後兩句則是充滿了離別之情的感性語言。第二首，前兩句在知性中略帶感性，後兩句則在「獨愴然」的感性語言中，流露出天地「悠悠」的哲學觀，而將知性和感性語言，提昇到一個超越境界，使其成為千古不朽的名作。

一首詩所不可缺少的基本要件，有「意象」、「意境」和「意蘊」。而如何運用知性或感性的語言符號，來雕琢意象，創造意境、深化意蘊，並將三者配件成一完美的有機體，寫出一首具有藝術魅力的詩，便成為詩創作的主要課題。

詩的語言符號之運用，原則上應力求「新鮮、精確、簡鍊、生動、優美」（註一〇）。要達到這些理想，首先就必須掌握豐富語彙、辨別語彙性質、善於選擇語彙、鍛煉語言、創造語言。亦即要先通過煉字、煉句、煉意等語言修辭，將尋常詞語藝術化。

以煉字來說，如唐朝賈島詩句：「僧敲月下門」中的「敲」字。和宋朝王安石絕句：「春風又綠江南岸」中的「綠」字，都是經過多次選擇，反復推敲，然後才決定採用。由於它們在那兩句詩中「最為傳神」，能「給人以更豐富的美感」，故又可稱其為「詩眼」（註一一）。

除了煉字，煉句更是一首詩的重要環節。煉句應以「切情、切境、切題為前提」。必須經過「反復錘煉、反復推敲、反復修改」後，才能「寫出驚人的妙句」（註一二）。而煉句的著手，可在焦點上煉、在音律上煉、在句式上煉、在語義上煉、在色彩上煉。現舉一例：

江雪

柳宗元

千山鳥飛絕，萬徑人蹤滅。
孤舟蓑笠翁，獨釣寒江雪。

這首詩的焦點在最後一句：「獨釣寒江雪」。同時還「運用了拈連手法，由『釣魚』拈到『釣雪』，且『釣雪』用語峭拔，寄託深遠，表現了柳宗元之孤傲不屈的鬥爭精神」（註一三）。

煉字與煉句，「必須以煉意為前提才具有美的價值」。所以「煉字不單是煉形、煉聲、煉色彩，同時也是煉意。煉句也不單是煉佳句、秀句、奇句、豪句、警句、驚人句等，同時也是為煉美的全篇，這樣才能達到美的勝境」。更「必須將煉字、煉句、煉意統一起來」，才能使「意」達到「深廣化、美學化的表現」（註一四）。

一首成功的詩，就在能「以高度精煉的語言，形象地表達豐富的思想感情」，來顯示其「概括性、形象性、抒情性和音樂性」的「本質特徵」（註一五）。因此「精煉的語言修辭」，實為詩創作所必需的藝術技巧。談到修辭，就不能不瞭解修辭的「辭格」——能提高語言表達效果的「語言模式」。根據統計，中文辭格經過長期的形成，已超過了百種以上，且還有不斷增加的趨勢。所以如何來選擇運用，甚至在形式上、內容上，「打破語言材料組合的常規」，來創造「新辭格」（註一六），這是詩人必須下的工夫。而在已有的辭格中，「轉化格」值得先在此一提。所謂「轉化格」，就是以七種「文法環境」為經，三種「轉化類型」為緯，所構成的二十一種修辭技巧（註一七）。現以兩種類型所成的詩為例：

一、對雪　駱綺蘭

登樓對雪懶吟詩，閒依欄杆有所思；
莫怪世人容易老，青山也有白頭時。

二、金陵圖　韋莊

江雨霏霏江草齊，六朝如夢鳥空啼。
最是無情章台柳，依舊煙籠十里堤。

以上兩首，都是屬於「人性化的轉化」類型。第一首《對雪》，是以名詞轉化主詞，其末句中主詞「青山」是物的概念；名詞「白頭」是人的概念。顯然是以後者去轉化前者，而為主詞與名詞的「人性化的轉化」。第二首《金陵圜》，則是以形容詞轉化主詞，其第三句中的主詞「章台柳」是物的概念，形容詞「無情」是人的概念，亦是以人的概念來轉化物的概念，所不同於《對雪》者，為主詞與形容詞的「人性化的轉化」。以此類推，其餘雷同。

詩的創作，必須以精煉的語言修辭，化一般語言為藝術語言，來美化「意象」、「意境」和「意蘊」，才能有效地完成一首充滿智慧和感情的詩作。故雕琢意象、創造意境、深化意蘊，還須進一步加以探討：

一，雕琢意象：意象是「一首詩作的基本構成單位」，亦即「構成一首完美的詩的元件」。同時是「詩歌創作構思的核心」，也是「一首詩作中具體的單一形象」。所謂「形象」，實與「意象」同樣有「具體的可感性與鮮明的生動性」。只不過這兩種概念，在運用上前者涵蓋所有藝術，後者「更切合詩歌本身的藝術實際」（註一八）。

什麼是意象？簡單說，意象就是詩人主觀的意識概念，與客觀事物的具象之融合。亦即「是經過詩人對事物印象陶冶之後的再現，這再現的印象，經過了詩人的思想和感情的淨濾後的創造」（註一九）。故意象的「象」之來源，都是現實的存在。蘇珊·郎格說：「現實提供意象是十分正常的；只不過意象不再是現實裡的任何東西，它們是激動起來的想像所應用的形式」（註二〇）。所以從現實的存在來看，「象」有人之象、物之象、具體之象、抽象之象；有動態的，也有靜態的，都是人之感官可知可感的對象。但若要將其化為詩的元件——意象，就必須透過語言的雕琢，來進行藝術的美化造型。同時由於詩以抒情為主，藝術造型須成於直覺，故詩的意象雕琢，又有「情感的直覺造型」之説（註二一）。換言之，意象的雕琢是語言的加工，實際在語文的修辭。修辭有消極與積極之分，消極的修辭在避免不恰當的表達。積極的修辭則在「恰當表達」的基礎上，運用或創造各種語言模式——辭格，來要求表達能收到更好的效果。修辭有多種，所雕琢而成的意象亦各異。有成於「比喻」者、有成於「象徵」者，有成於「通感」者，有成於「疊映」者。

例如：

一、竹枝詞　劉禹錫

山桃紅花滿山頭，蜀江春水拍山流。
花紅易衰似郎意，水流無限是儂愁。

二、贈范曄　陸　凱

折花逢驛使，寄與隴頭人。
江南無所有，聊寄一枝春。

三、糖罐子　趙　化

我喜歡收藏
瓶瓶罐罐
五顏六色

裝滿了酸甜苦辣

梅子的世界裡
隱藏著紅塵心事
酸酸的
似怯怯的初戀

而嚐一口
甜甜的巧克力
味覺竟如情人夜半的
耳語

只有苦苦辣辣的菓子
是另類的相思
春去秋來
總糾葛不清愛與怨

嚐盡人生百味
唯一珍愛的　是
收藏一罐子
妳的允諾
妳的蜜語

以上三首，第一首以「花紅易衰」，來比喻「郎意」難持。以「流水無限」，來比喻癡情女的愁思悠長。第二首，以所折的具體之「花」，來象徵和替代抽象的「春」的概念。並以「一枝」來將其進一步具象化。顯然第一首使用比喻，第二首運用象徵。第三首《糖罐子》，所使用的辭格則有象徵、有比擬、也有通感。其中「瓶瓶罐罐」象徵人生。「五顏六色，裝滿了酸甜苦辣」，象徵多彩的人生百味雜陳，以「梅子的世界」，來將「酸酸」擬人化為「初戀」的怯怯。「甜甜」的「味覺」如「聽覺」的「耳語」屬通感。「苦苦辣辣的菓子」比擬在相思的歲月中，有「糾葛不清的愛與怨」。最後以「收藏一罐子」，來將「允諾」、「蜜語」傳神的形象化。全詩結構完整，首尾相應，可說是一首多辭格的成功運用。

二，創造意境：「意境」不同於「意象」。「意象是事物個別的表現，而意境是全詩氣氛的籠罩」。其形成「為意象之群的組合」，故「有意象的詩，未見得就有意境的存在，而有意境的詩，必然有意象的呈現」（註二二）。而「意是情與理的統一」。「境是形與神的統一」。亦即意境「是情、理、形、神融合一致而引人聯想和想像的藝術世界」，是「一個關於藝術整體及其美學效果的概念」（註二三）。所以詩的意境，不僅是一個藝術世界，也應該是一個具有意境美的美學概念。

詩不僅要有意境美，同時還應有「獨創美」，應「是唯一的，不可重復的，生生不已不斷創新的」；故所創造的意境，「應該是一種嶄新而引人玩味的美學秩序」（註二四）。此所謂「秩序」，乃指一個整體中的各種元件與元件的關係。這就詩的意境來說，其中各種意象就是元件，彼此的組合關係就是秩序。秩序之安排是否巧妙，是意境的美或不美之關鍵。故意境的造境工作，實際是一種「秩序」的安排；是運用「單象」或「多象」的有機佈局，佈局必須恰到好處，才能產生美感。因此意境有如一幅畫景，構圖必須恰當，不能違背情景交融、虛實相生、有無相成的美學基本原則。尤其創造意境的語言修辭，更必須找出那最富表現力，具關鍵性而精彩的「詩眼」。使用極簡約、傳神的詞句，以「畫龍點睛」的技巧，來突顯其主要情思，使境中有情、有意、更美、更動人。例如：

一、秋月　程　顥

清溪流過碧山頭，空水澄鮮一色秋；
隔斷紅塵三十里，白雲紅葉兩悠悠。

二、劍門道中遇微雨 陸 游

衣上征塵雜酒痕，遠遊無處不消魂。
此身合是詩人未？細雨騎驢入劍門。

三、門廊 西班牙，洛爾卡

水
將它的銀鼓
敲響。

樹木
編織著風
玫瑰
又給它添上了芬芳。

一只

鉅大的蜘蛛
繡著星星
沐浴著月亮。(趙振江譯)

這三首詩，第一首寫秋夜的月，但只寫月夜的景，卻不見一個月字。其所表現的意境超然，令人讀來有置身於紅塵之外的感受。第二首，「細雨騎驢入劍門」是全詩最關鍵的「文眼」。因為這一鮮活的具體形象，立刻將「此身合是詩人味?」的茫然情緒，化為「情感的直覺造型」，而活化了整個意境。第三首，以門廊為視點，寫月下的水聲為敲響的銀鼓聲，以風來活化樹木，以嗅覺的芬芳來美化玫瑰，以「鉅大的蜘蛛」來象徵夜空。並用月亮和星星來互相襯托，相映成輝。確是一首想像豐富，意境深邃的小詩。

三，深化意蘊：意蘊是什麼?有各種説法，歸納起來不外：意蘊是詩作最本質的東西、是比形象更深遠的東西、是一種更形而上的東西、是一種藝術作品的精神內核、是一些心靈智慧的沉默聲音等。這些説法所意指的內涵，約可分為三大類：第一，此中有真意的哲理詩情。故説：「優秀的藝術作品往往具有巨大的普遍性和深刻的思想性，具有象徵和寓意、哲理或詩情」。第二，欲辯已忘言的審美感情。故説：「藝術品內的各個部分和質素構成的關係」，是一種「有意味的形式」、

「一種極為特殊、難以言傳的審美感情」（註二五）。第三，天人合一的偉大精神。故說：意蘊（境界）是「意象和意境的超越」，其「產生是基於對人生的領悟，對自然的洞察，能符合與宇宙合一之偉大精神」（二六）。

其實意蘊之有別於意境，不是意蘊另有其物，而是在積極的要求意境之「超越」；要求其深度的超越、廣度的超越和形式的超越。就深度的超越來說，必然走向「奧秘」和「象徵」。奧秘「是詩人對自然與人生的探索；靈魂之交通；良知、真純與智慧精微之表現，是抽象之形象。是對真之剖析、美之光耀、謎之揭露的沉默之聲」。這種「奧秘的特質，產生於十九世紀末的象徵派」，故亦必然或多或少具有象徵性。不過，「詩的奧秘，是詩的內容本身所具有的，非由於表現技巧上的曖昧」（註二七）。再就廣度的超越來說，詩的意蘊，必須「在有限中體現出無限，在偶然中蘊藏著必然，在個別中包含著普遍」（註二八）。而從「有限」到「無限」、從「偶然」到「必然」、從「個別」到「普遍」，都是廣度的超越。在超越的廣度中，不僅增加了多義性，帶來了模糊性，同時也豐富了意蘊的想像性。再就形式的超越來說，「形式」即意蘊內部「各個部分和素質間之有趣的構成關係」，是其內部的藝術結構。若要超越，詩人就必須以「非同常人的眼光」，以「超逸對象的自然形態，超逸世人對於特定對象的通用思路」（註二九）才能超越其內在形式，來開掘出具有獨創性和趣味性的意蘊。

總之，詩的意蘊，非指意境之外另有其物。相反，乃是意境內含之「玄機」，其中有可知者，不可知者，更有深不可測者。因此如何運用知性和感性語言來超越，亦唯有在意境的創造上，語言的修辭上，發揮想像，大膽構思、自由選擇、靈活運用。試舉數例：

一、暮秋獨遊曲江 李商隱

荷葉生時春恨生，荷葉枯時秋恨成。
深知身在情長在，悵望江頭江水聲。

二、六弦琴 西班牙．洛爾卡

六弦琴
使夢
啼哭
迷惘心靈的
哭泣
從圓形琴口
逃出。

像蜘蛛
為了捕捉歎息
編織一顆鉅大的星，
因為歎息聲
就在黑色琴箱上浮動。（趙振江譯）

三、當我最後回到魯德洛　英·豪士曼

當我最後回到魯德洛
　在蒼白的月色裡，
兩個伙伴走在我的身邊，
　他們是健康而誠實的孩子。
狄克在教堂的花園裡長眠，
勒德在獄中死去，
我回到魯德洛
　在蒼白的月色裡。（覃子豪譯）

以上三首，都各有其不同意蘊，在修辭上亦各有不同意味。第一首，以荷葉的生長與枯萎，來象徵人生無法避免的憾事。這些憾事，一方面化為恨的意象，一方面又有「悵望江頭江水聲」的生命無奈。有了悟情愛的朦朧美，更有發人深省的內在意蘊。第二首，「詩人把琴比作蜘蛛，把琴弦比作蜘蛛網；歎息聲在琴箱上的浮動，如某種飛蟲觸動了蜘蛛網，蜘蛛捕捉食物就像六弦琴捕捉歎息，進而將其通過琴口釋放出去，達到解除痛苦的目的」（註三〇）。這首詩道出了人心，更具有獨創性。第三首，寫三個一起離家從軍的青年，戰後兩人已死，只剩一人回家。前段將已死者的抽象意念化為具像。後段才點明兩個伙伴已死的事實。如此巧妙的內在形式安排，不僅超越，且頗有意味，更具有意蘊的獨創性。

意象、意境和意蘊，都必須透過知性和感性語言，來雕琢、創造、深化，並將三者有機的統一，才能寫出一首完美的詩篇。不過在選詞用字時，不應僅止於功利的「用」，還應進一步將自己感情融入，對其有所直接感受；例如用「山」字要聯想到山的崇高。用「海」字要體會到海的廣闊。

詩是語言的藝術，語言的修辭可隨需要而變化，語義可因情景而引申，隨時代演進而創新。勿論中外，莫不如此。例如英文的「Love」，本義為「愛」或「愛情」，引申而成「委婉字」，則指「性愛」和「性交」（註三一）。又如「Blonde」

（金髮），原義為「黃色」、「吸引人」。後來不斷引申，而有「年輕」、「甜美」、「魅惑」、「純潔」等各義。現代更一變而為「性感」和「辣妹」。據說「金髮色欲化的重要開始」，是源於德國浪漫詩人，海涅所寫的一首詩：《羅蕾莉》（Lorelei），敘述一個德國民間故事，海上妖女的傳說（註三二）。最後摘錄兩段如下：

妙齡少女國色天香，
坐在山上神采奕奕，
她的首飾金光閃耀，
她把一頭金髮梳理。

她用金梳梳著金髮，
曼聲高唱一曲；
這個曲調動人心弦，
有著奇妙旋律。……（張玉書譯）

二〇〇二，三，一七。

附註

註一：論現代詩——語言。（覃子豪著）
註二：藝術概論——藝術語言。（彭吉象著）
註三：世界詩歌鑑賞大典——鑑賞五法門。（辜正坤作）
註四：情感與形式——譯者前言。（蘇珊·郎格著。劉大基等譯）
註五：創意與非創意表達——中國文字的特性。（林保淳、殷善培、崔成宗、許華峰、黃復山、盧國屏著）
註六：同註二：《藝術作品的層次》。
註七：美學辭典——文學。（王世德主編）
註八：同前，《文學語言》。
註九：詩與煉金術。（楊照作，91、2、27，中國時報人間副刊）
註一〇：同註一：語言。
註一一：詩美學——語言的煉金術，（李元洛著）
註一二：修辭通鑑——煉句。（成偉鈞、唐仲揚、向宏業主編）
註一三：同前。
註一四：同註一一。

註一五：同註一二：詩歌。
註一六：同註一二：修辭格。
註一七：辭格比較概述——轉化的類型及其文法環境。（蔡謀芳著）
註一八：同註一一：論詩的意象美。
註一九：同註一：意象。
註二〇：同註四：生活及其意象。
註二一：藝術創造工程——走向形式。（余秋雨著）
註二二：同註一：意境。
註二三：同註一一：論詩的意象美、意境美。
註二四：同前。
註二五：同註二：藝術作品的層次。
註二六：同註一：境界。
註二七：同註一：奧秘。
註二八：同註二：藝術意蘊。
註二九：同註二一：意蘊的開掘。
註三〇：同註三：六弦琴。（黃桂友解讀）

註三一：參考《最新英語委婉字語大典》（劉純豹著）

註三二：參考《在語言的天空下——金髮神話》。（南方朔著）

一三、情韻心聲
——詩的音韻美

一首成功的詩，勿論是記敘、抒情、説理或酬答，除了有其內在的「意」，更有內在的「情」，且「情」是一首詩不可缺少的根本。而「情」即詩人的感情，詩人的感情之所以能入詩者，必具有動人的韻律之美。亦即要富有「情韻」，才能透過語音的外在形式，構成動人「心聲」的音韻美。所以詩的創作，除了講求意象和意境等之表現，還必須運用「語音修辭」，來創造詩的音韻。

詩的音韻美，即語言的音樂美。「音韻美主要體現在語言的節奏和旋律之中」（註一）。這兩者乃語音的音長、音強、音高和音質四要素，經過語音修辭所完成。其節奏的構成，多借助於音長和音強，致有音的長短、輕重、快慢之變化。其旋律的構成，多利用音高和音質，致有聲調的高低、升降，及相同或相近的語音反覆、迴旋。

節奏感的形成，是來自於「音節」。由「音節」構成「節拍」、構成「節拍群」，進而「意群」。「音節」又名「頓」、「音步」，為語音節奏的基本單位。根據漢語一字一音的特點，有一字構成的短音節、有二字或三字構成的長音節；短音節或長音節的最後一字乃「節奏點」，音的長短表現在前者，音的輕重著力點則在後者。而音節是句子節奏的基礎，句子是語言的基本單位，也是「各種節奏因素的綜合體」（註二）。隨著各種節奏因素的音之長短、快慢、輕重，而有不同的傳情達意之作用，如「緩慢、低沉的節奏常使人感到痛苦、憂愁。快速、響亮的節奏能使人感到輕鬆、愉快。中速、勻稱的節奏會給人以平靜或莊重的感受」。所以不同語音有不同語意，語音「節奏的表情功能，只有同語意緊密結合才能有效地實現」（註三）。

旋律美的產生，在「音」和「韻」之巧妙配合。舊説：「聲成文謂之音，聲音相和謂之韻」。音隨聲變，根據漢字字音的「調值」變化，所形成的音調有四聲，古稱平、上、去、入。現改進為陰平（第一聲）、陽平（第二聲）、上聲（第三聲），及去聲（第四聲）。其中陰平、陽平又稱「平聲」。上聲、去聲又通稱「仄聲」。「平聲」聲調「長而平直，具有高揚、綿長的特點」。「仄聲」聲調「短促而不平，具有低沉、收斂的特點」。如兩者能「配合使用，平仄交錯或對立出現，聲音就會和諧悅耳」（註四）。這是「漢語語音的特點和美質，善於運用，可以在音調上形成一種音樂般的旋律」（註五）。

根據「聲音相和謂之韻」的解釋，「韻」即「和諧的聲音」，同時也指字的讀音之收尾部分。例如「巴」的讀音，係ㄅ與ㄚ的拼音所成；而ㄅ為「聲母」，ㄚ即為收尾的「韻母」。由於每個漢字都有收尾的「韻母」，所以也都各有其所屬的「韻」。並且每個字的音調，不是「平聲」就是「仄聲」，故在「押韻」時，又有押「平聲韻」或「仄聲韻」之選擇。而所謂「押韻」，亦即將同韻母的字用在一首詩的部分句子末尾。此法又名「用韻」、「壓韻」、「協韻」或「韻腳」。從「韻腳」的選擇，到換韻時的「韻腳」之變化，即為「韻轍」。「不同的韻轍，它的音響效果是不同的，這就自然影響到全詩的音調」（註六）。若再加同音質的雙聲、疊韻、疊音等音效，不僅能使一首詩的旋律有錯綜美、抑揚美，更有迴旋美。

所以，音韻美的構成，在語言的節奏和旋律。且兩者必須密切結合，融為一體，在節奏上展出旋律，在旋律中表現節奏。因為「語言的節奏和旋律是整齊美、抑揚美、回環美的綜合」（註七）。一首成功的詩，必須兩者具備，才能「在朗誦時順口流暢，欣賞時悅耳動聽」，「富有抑揚頓挫，起伏迭宕的韻律美和流暢回環的音樂感」（註八）。例如：

一、旅夜書懷　杜　甫

細雨／微風∥岸，危檣∥獨夜／舟。
星垂∥平野／闊，月湧／大江∥流。
名豈／文章∥著，官應∥老病／休。
飄飄∥何所／似，天地／一沙∥鷗。

二、下江陵　李　白

朝—辭—白｜帝｜彩｜雲—間⊙，千—里｜江—陵—一｜日｜還⊙。
兩｜岸｜猿—聲—啼—不｜住｜，輕—舟—已｜過｜萬｜重—山⊙。

這兩首詩都是大家熟悉的名作。第一首每句三個節拍，形成「二／二／一」節奏。句子後較節拍後停頓長，平聲字後又較仄聲字後稍長。重音落在每句最後三字上，較有規律。平仄安排及押韻等，都同詩人當時思想情緒相吻合，而恰當地抒發了詩人孤寂、淒苦的心情。第二首為七言絕句，平起入韻式的格式。勿論節奏、押韻或平仄安排，都與第一首有異曲同工之妙。全詩寫景抒情、融匯自然，節奏輕快，旋律活潑，充分表現出詩人的愉快心情。

從唐代開始，我國的舊體詩分為古體和近體兩大類，其主要的不同，「在於古體詩除了須要用韻而外，不受嚴格的格律限制，因而寫作時比較自由；而近體詩因須受嚴格的格律約束，寫作就不能那麼自由」了。近體詩的格律萌芽於南朝齊、梁時期，「形成於唐朝初年（西元七世紀中期），到盛唐（西元八世紀初、中期）已發展到完備時期」（註九）。所謂近體詩，又分為絕句和律詩兩種形式，前者一首四句，又分五字一句的「五絕」、七字一句的「七絕」。後者一首八句，八句以上稱為「排律」或「長律」。又分五字一句的「五律」，七字一句的「七律」。超過八句者，則稱「五言排律或長律」，「七言排律或長律」。不過，近體詩的格律雖嚴格，平仄安排很講究，但往往由於「內容的需要，詩人不願因律害意而勉強遷就格律」（註一〇）。亦即「一首詩的好壞，大概都取決於內容的優劣。形式上的格律，不過是表現內容的工具罷了。因此一些大詩人，往往打破格律，自由抒寫」（註一一）。所以在近體詩中，就有不合格律的所謂「變體詩」或「拗體詩」。例如兩首大家都熟悉的詩：

一、靜夜思 李　白

床前明月光，疑是地上霜。
舉頭望明月，低頭思故鄉。

二、黃鶴樓 崔　顥

昔人已乘黃鶴去，此地空餘黃鶴樓。
黃鶴一去不復返，白雲千載空悠悠。
晴川歷歷漢陽樹，芳草萋萋鸚鵡洲。
日暮鄉關何處是？煙波江上使人愁！

這兩首有名的詩，第一首從格律要求來看：「第三句和第二句失黏，第四句的平仄又與第三句失對；而第二句的節拍上連用兩個仄聲字，第三句的節拍上連用兩個平聲字，沒有平仄交錯。這些都不符合近體詩規則」。但其「感情真摯，語言清新，音韻鏗鏘」，仍被稱讚「是一首絕妙的抒情詩」（註一二）。第二首，「只有頸聯是工對，頷聯只有前三字成對。且句中平仄交錯有幾處都不合格律，第三句更只有一個平聲字，第四句末又連用三個平聲字。顯然只能說它是一首變體詩」，但其「抒情寫景，語言運用，確有它的特色」，故仍是「唐代七律最好的一首」（註一三）。

從以上探討，可見近體詩雖有嚴格的格律限制，但為了「不因律害意」，一些大詩人，也不惜「打破格律，自由抒寫」而有所成。不過，勿論是沒有格律限制的古體詩，還是打破格律限制的近體詩，雖然都趨向自由表現，但也都同樣講究「押韻」。因為「韻」具有漢語語音美的特質，「押韻」能產生和諧的聲調。「是中國民族詩歌格律的一條基本規律，也是詩歌音樂美的第一要素」。所以現代的新詩作者，如果「無視於聲韻的美學，而片面強調所謂『自由』和『散文化』，那受到懲罰的難道不正是他們自己嗎？」再說：「新詩的形式，大體上是沿著『自由詩』與『格律詩』的雙行道向前發展」，雖然「新詩的節奏，遠比古典詩歌的節奏自由」，但也「仍然應該講求時間的節奏感和力度的節奏感」（註一四）。所以新詩的「節奏」和「押韻」，仍應隨著詩人內在的「情韻」，藉「音」和「韻」的巧妙運用，發而為美的「心聲」之表現。試摘舉大家熟悉的三首新詩為例：

一、雨巷　戴望舒

撐著油紙傘，獨自
彷徨在悠長，悠長，
又寂寥的雨巷，
我希望逢著
一個丁香一樣地
結著愁怨的姑娘。

她是有

丁香一樣的顏色，
丁香一樣的芬芳，
丁香一樣的憂愁，
在雨中哀怨，
哀怨又徬徨。

她徬徨在這寂寥的雨巷，
撐著油紙傘
像我一樣，
像我一樣地，
默默彳亍著
冷漠、淒清、又惆悵。

她靜默地走近
走近，又投出
太息一般的眼光，

她飄過
像夢一般地，
像夢一般地淒婉迷茫……

二、再別康橋

徐志摩

輕輕的我走了，
正如我輕輕的來；
我輕輕的招手
作別西天的雲彩。

那河畔的金柳，
是夕陽中的新娘；
波光裡的艷影，
在我的心頭蕩漾。

軟泥的青荇，
油油的在水底招搖；

在康河的柔波裡，
　我甘心做一條水草……

三、教我如何不想她

劉半農

天上飄著些微雲，
地上吹著些微風，
啊！微風吹動了我頭髮，
教我如何不想她。

月光戀愛著海洋，
海洋戀愛著月光，
啊！這般蜜也似的銀夜，
教我如何不想她。

水面落花慢慢流，
水底魚兒慢慢游，
啊！燕子你說些什麼話，

教我如何不想她。

枯樹在冷風裡搖，
野火在暮色中燒，
啊！西天還有些兒殘霞，
教我如何不想她。

李元洛教授對這三首詩的分析是：第一首《雨巷》，「它每節六行，每行的音節大體勻稱，又注意了平仄的協調和反覆詠唱，所以不僅具有諧美的節奏感，而且這種舒緩柔美的節奏，與內在感情的宛轉低迴又取得了表裡一致的諧和」。第二首《再別康橋》，「之所以至今能為讀者所熟知和吟唱，原因之一就是它的包括押韻在內的語言的音樂美」。且「用的是首尾呼應而中間多次變換韻部的遙韻，音韻和諧而柔美，宛如一闋夢幻曲」。第三首《教我如何不想她》，由趙元任譜曲。「全詩音韻諧美，節奏柔婉，流蕩著『鄉愁曲』似的旋律」，那「間隔重覆的疊句，使全詩讀來更是盪氣回腸，這就難怪一經譜曲就傳唱不衰了」（註一五）。

總之，無論舊體詩或新詩，都必須具有語言的音韻美，而音韻美的產生，係來自語音的「節奏」和「旋律」。設若詩的意象所營造的意境是一隻蝴蝶的胴體，那節奏和旋律就是她美的翅膀。而節奏來自音節的長短快慢，來自節奏點的力度強弱。旋律來自平仄聲調的高低起伏、來自押韻韻轍的選擇變化。富有節奏的詩能琅琅上口，鏗鏘有力。富有旋律的詩聲調抑揚起伏，和諧悦耳。當這四個美的翅膀閃動飛舞時，即可展現出詩的美麗胴體，將其活潑成可愛的蝴蝶。我們要捕捉的，是一隻飛舞的蝴蝶，不是蝴蝶標本。

二〇〇二，六，一一。

附註

註一：修辭通鑑——音韻美的構成。（成偉鈞、唐中揚、向宏業主編）。
註二：同前——節奏感的形成。
註三：同註二。
註四：同註一——聲調配合。
註五：詩美學——語言的煉金術。（李元洛著）。
註六：同註五。
註七：同註一。

註八：詩的技巧——音樂性。（謝文利、曹長青著）。
註九：讀詩常識——舊體詩的種類和區別。（吳文蜀著）。
註一〇：同前——拗救。
註一一：古典詩入門——古典詩中的拗體。（吳餘鎬編著）。
註一二：同註九——變體詩。
註一三：同前註。
註一四：同註五。
註一五：同註五。

一四、蝴蝶、天鵝、天使

一首詩，不僅是一堆文字符號的有機組合，更應該是一個生命，一個能自由飛翔的生命化身。如色彩美麗的蝴蝶、羽毛純白的天鵝、超塵脫俗的天使。而那個詩的生命是什麼？能飛翔的翅膀是什麼？可愛的天使來自何方？

李元洛教授說：「詩的感情，是詩的血液與生命」，因此，「沒有感情就沒有詩」（註一）。別林斯基也說：「沒有感情就沒有詩人，也就沒有詩」（註二）。所以詩的生命就是感情。從心理學來看，感情是「人對於事物與現象所抱的態度與體驗」。同時，它也是人在某種環境中，「被一定的客體所引起」，而「依客體的特性為轉移」的（註三）。換句話說，感情具有主觀的感應性，也有客觀的刺激性。是刺激與感應相互作用，所產生的一種愛或恨、愉快或不愉快等的心理活動。

人的感情，不是原始不動的，而是隨著人的意識傾向，在不斷向前發展的。發展歸納起來，有三大方向：第一，隨著格物致知以求「真」的意識傾向，而有「理智感」的感情發展。如熱愛真理、擁護真理的熱忱。第二，隨著自處之道在於「善」的意識要求，而有「責任感」的感情發展。如堅持道德良心，為民主奮鬥的豪情。第三，隨著直覺的審美的意識活動，而有「美感」的感情發展。如被一幅美的畫、一曲動聽的音樂所陶醉。這真、善、美的高級感情，不是各自分道揚鑣，往往是相互聯繫，一同走向詩的感情天地。

從藝術觀點來看，「詩的感情是審美感情」，它雖和「日常生活中的情感有聯繫，但它又絕不完全等於人在日常生活中的一般情感」，而是「日常生活中的情感提煉、升華和藝術提煉的結果，是一種高層次的美學的情感」（註四）。同時還必須在體驗和升華中，「使情感由感性上升到理性的高度，使藝術家個人的情感突破狹隘的範圍，升華為社會的情感、時代的情感、民族的情感，乃至於全人類普遍的情感」。所以「雖然情感性在藝術作品中有著十分重要的地位和作用，它仍然不能脫離思想和理智」，而有「感性與理性的統一」之必要。故黑格爾說：「美就是理念的感性顯現」（註五）。詩的感情生命，不能離開理智而獨存。

尤其，詩貴有真情，「真情的基礎在於真實。固然，藝術的真實並不等於生活的真實」，但必須「都是真正生活的流露」（註六）。在詩的創作中，感情的真實有「內在」與「外在」之別。「內在的真實，是指詩人所抒發的感情，確確實實是他所體驗過並為之激動過的感情」（註七）。而外在的真實，則是指詩人對客觀事物的不同感情和體驗結果。其認定標準往往只憑詩人內在的主觀意識，並不一定符合客觀的科學尺度。有時甚至故意違反常理常情，而以自由認定為依據。所以詩的感情，是屬於「高層次的審美感情，它以真摯、強烈、深沉為特徵」，若「沒有這種美的感情，詩就失去了生命」（註八）。現舉數例：

一、無題 李商隱

相見時難別亦難，東風無力百花殘。
春蠶到死絲方盡，蠟炬成灰淚始乾。
曉鏡但愁雲鬢改，夜吟應覺月光寒。
蓬山此去無多路，青鳥殷勤為探看。

二、送孟浩然之廣陵 李　白

故人西辭黃河樓，煙火三月下揚州。
孤帆遠影碧空盡，惟見長江天際流。

三、給 英國·雪萊

溫柔的歌聲已消逝，
樂音仍在記憶裡縈迴；

紫羅蘭花雖然枯死，
意識中尚存留著芳菲。

玫瑰花朵一朝謝去，
落莫堆成戀人的床幃；
你去後懷念你的思緒，
該是愛情在上面安睡。（江楓譯）

四、痛苦的時刻　塞內加爾·狄奧普

白人殺死了我父親：
因為我父親驕傲。
白人污辱了我母親：
因為我母親美麗。
白人強迫我的哥哥
　在烈日下作牛馬：
因為我哥哥強壯。
白人對我伸出雙手，

紅紅的
沾滿了黑人的鮮血，
還用主人的口吻喊道：
「小鬼！拿椅子、手巾，打水來！」（金志平譯）

以上四首詩，第一首《無題》。在其痛苦而又美麗的意境中，充分表現了對愛情的堅貞不二，流露出哀怨動人的真情。第二首《送孟浩然之廣陵》，是送走朋友的惜別詩，尤其最後兩句，不僅描寫出友人去後的悵惘情緒，也表現了極為深摯的友情。第三首《給》，是對愛人無限懷念的，一首美的抒情詩。詩中歌聲消逝的餘音不絕、乾枯花朵的餘音繚繞，將愛情睡在思緒的落莫的，玫瑰花朵堆成的床上，都是對其感傷之情的美的描述。第四首《痛苦的時刻》，雖是採用日常口語式的語言，但讀時卻令人震撼。尤其以小孩子口吻，表現其對白人強烈的反抗意識，流露出憤怒的感情，更是動人。

一首好詩，不僅要有真摯、強烈、深沉的感情生命，同時還要有能動性、飛躍性、超越性。才能像蝴蝶一樣，在無聲的百花叢中，創造出溫柔的動態之美。才能像天鵝公主，隨著柴可夫斯基的舞曲，舞出動人的愛情故事。才能像天使一樣，飛翔於意識裡廣闊的藍空，自由來往於凡塵與天國，讓詩的生命，能上升到美的最高境界。而蝴蝶、天鵝和天使之所以能動、能飛、能超越，主要是因它們都有美麗的翅膀，那翅膀就是奇妙的「感性的想像」。

與其他藝術相同，詩的想像係指在我們大腦中，「對已有表達進行加工改造而創造新形象」的思維活動（註九）。所謂「表象」，是想像的「基本材料」。而「新形象」，則是表象經過加工改造所成的「藝術形象」（註一〇）。在此藝術形象中，更充分「表現了作者的審美觀和審美理想」（註一一），是一種審美感情的流露。因此詩的想像，是「形象思維」，不是依靠「邏輯推理」的「抽象思維」。其所遵循的是「感情的邏輯，而非物理學的邏輯」（註一二）。所以詩的想像，是一種高度自由的思維活動」，想像的翅膀，可以自由飛翔，突破「時間和空間的限制，往來倏忽，變化無窮」（註一三）。而「想像本身，就是詩人感情的昇華，認識的擴展和深化，是新形象的湧現和意境之開拓」（註一四）。其「重新創造出來的形象，甚至可以是世界上尚不存在或根本不可能存在的事物的形象」（註一五）。不過，這些想像中的新的圖景，雖然有的不存在或根本不可能存在於這世界。但「想像中的一切材料都來自客觀世界」，都是「自己感知過的事物」（註一六）。而這些材料，有來自視覺再生者、有來自聽覺再生者、也有來自運動感覺再生者。其實「從根本上講，客觀現實是想像活動的源泉和內容」（註一七）。所以，詩的想像不是

「無」中生「有」，而是從「一般的有」去追求那超越的「空靈的無」，以登上藝術的最高境界。

詩的想像有「再造想像」與「創造想像」之分，前者是「根據語言的描述或圖形、音響的示意，在頭腦中再造出相應的新形象的過程」。後者則是「不依據現成的描述而獨立地創造出新形象的過程」（註一八）。其實「詩的想像之美，還在於詩的想像是再現性與創造性的統一」，如此所創造出的「新鮮的意象」，更能「引發欣賞者的審美聯想活動」，使其「審美感受處於愉悅與驚奇的狀態」（註一九）。

無論「再造性想像」或「創造性想像」，在其思維過程中，都離不開對形象的「識記」或「記憶」。這不僅是主觀與客觀的聯繫，也是大腦裡那些再生的材料與材料間的相互聯繫。這類「記憶聯繫」在心理學上，即為由此及彼或由彼及此的「聯想」。因此詩的想像，主要在運用聯想，來進行大腦中的材料聯繫，以再造或創造新的形象。由於聯繫的方式各有不同，我認為聯想可分兩大類，一是「相關聯想」，一是「自由聯想」。前者的材料，彼此都有或多或少的關係，如接近、相似、因果、對比等，所以自然能由此想到彼，或由彼想到此。而後者，則因材料彼此間毫無任何關係，全憑作者自由選擇，自由組合來將兩者巧妙的聯繫，因此更能發揮想像的藝術魅力。

同時，除了聯想，「幻想」與「夢」，也是屬於想像的翅膀。所謂「幻想」，是完全依據主觀的理想、願望及個人感受，來想像那「還沒有實現或根本無法實現的事物」。不過，幻想或許是「空想」，但比起聯想來，「幻想的翅膀更剛健有力，因而它騰飛得更高遠神奇」（註二〇）。而所謂「夢」，其產生「也是由於過去感知過的材料，在腦子裡重新組合」（註二一）。只是，它係來自潛意識在夢中的活動。例如「曲終人不見，江上數峰青」這兩句名詩，據說是唐朝詩人錢起，於赴長安考進士，夜宿鎮江客舍，在夢中所得」（註二二）。

詩的想像，不管是聯想、幻想，或是在夢裡潛意識的活動，都必須透過語言符號來表現。運用語言符號的方法很多，如比喻、象徵、暗示等。而且，同是比喻、象徵、暗示，也因個人才智、經驗和審美觀不同，以及選擇的材料、含義有別，而各有不同的修辭手法。例如同樣用花來比喻美人的臉蛋，就有「芙蓉如面柳如眉」，與「人面桃花相映紅」之不同的比喻。所以想像與表現是一體兩面，不能分開的。

試舉數例如后：

一、金谷園　杜　牧

繁華事散逐香塵，流水無情草自春。
日暮東風怨啼鳥，落花猶似墮樓人。

二、瑤池　李商隱

瑤池阿母綺窗開，黃竹歌聲動地哀。
八駿日行三萬里，穆王何事不重來？

三、落葉　法·馬萊

從一棵凝固的樹上
飛起一片葉子
在群葉的
唯一力量支配中
落下來

啊，鞭笞著我的風啊
請不要離開我
讓我還能相信
通過你的手
我走向了死亡（葛雷譯）

四、憂鬱的玫瑰　西班牙·巴列——因克蘭

有一個時候，我是星星的牧人，
我的生活，猶如燦爛的歌。
對於我，最美的事物就是，
一個象徵：玫瑰、姑娘、阿庚葉。

世界的和諧的聲音，是一陣，
撞碎在黃金海灘上的藍色波浪，
歌唱著月亮潛在的力量，
蓋過了人間合唱的命運。

伊壁鳩魯給我裝滿的酒罐，
半人半羊的山神給我山野的歡樂，
阿卡迪亞的牧人則是他自己蜂巢的蜜。

有一天，我聽見了遠方水仙女的歌，
我的憂鬱的靈魂就著了魔，

於是我向著夢想航行而去。（王央樂譯）

這四首詩，第一首《金谷園》，其最後一句「落花猶似墮樓人」，是由落花聯想到過去園主的美妾，綠珠跳樓自殺的景象，乃是與人之美的相似聯想。第二首《瑤池》，瑤池為神仙西王母居住的地方。內容完全是想像西王母等待「穆王何事不重來」的虛構，根本是在現實中不可能存在的幻想。第三首《落葉》，是作者以落葉與寒風的接近聯想，來巧妙地表現人在命運支配下的悲哀。第四首《憂鬱的玫瑰》，乃作者以相似聯想，從玫瑰聯想到人生，從生活聯想到燦爛的歌、聯想到星星、月亮、海浪、山野樹木、花草、酒罐、蜂蜜等，是聯想的充分運用。

詩的生命是感情，感情的升華靠飛躍的想像。想像在能創新，避免陳腔爛調。在有奇趣，避免平庸乏味。同時，想像雖然「是自由的，但卻不是排斥理性指引的」。想像雖然「是飛躍的，但絕不是與感情絕緣的」（註二三），相反，它正是感情的自由、理性的解放。而更重要的，是這具有感性與理性的翅膀，還要有能飛的力量。那力量是什麼？就是審美感情的意志，尤其「自由的意志」。

固然，詩的創作，有時是來自偶然「觸景生情」的「靈感」。但靈感的源頭，不能離開生活體驗的累積，更不能離開自由意志的苦心追尋。正如王國維所說：「眾裡尋他千百度，驀然回首，那人卻在燈火闌珊處」。所以一首成功的詩，必須有感情的生命，有想像的翅膀，更要有自由飛翔的意志力量，才能使詩像一隻美的蝴蝶，在花叢裡飛來飛去。像一隻白色天鵝，在藍空任意翱翔。像一位可愛天使，傳來悅耳的歌聲。而蝴蝶的夢，天鵝的舞、天使的歌聲，可說是想像美的三層次，由此可邁向藝術的最高境界。

二〇〇二，九，二三。

附註

註一：詩美學——論詩的感情美。（李元洛著）
註二：藝術學概論——感性與理性的統一。（彭吉象著）
註三：心理研究——感情。（盧萍著）
註四：同註一。
註五：同註二。
註六：詩的技巧——感情章。（謝文利、曹長青著）
註七：同註一。
註八：同註一。

註九：同註二——藝術鑑賞的審美心理。
註一〇：同註二——形象思維與抽象思維、靈感思維。
註一一：同註一——論詩的想像美。
註一二：同註一。
註一三：同註二——想像。
註一四：同註六——想像的作用。
註一五：同註二——想像。
註一六：同註三——想像。
註一七：同註二——藝術構思活動。
註一八：同註二——想像。
註一九：同註一——論詩的想像美。
註二〇：同註六——想像。
註二一：同註三——幻想。
註二二：詩詞故事——錢才子夢遊得詩。（黃嘉煥著）
註二三：同註一——詩的想像美。

一五、詩的直線美與曲線美

從美學來看，一首詩就是一個「審美對象」。雖然作者和讀者，對同一首詩的美感經驗，各有「情人眼裡出西施」之不同，但作品本身是否具有美的本質性，亦即其是否能激起人的美感，而此類美的本質屬性，是「不依賴人的意識活動但可以被意識活動反映的客觀存在」（註一）。這些本質屬性，有來於自然的美的形式因素，有來於人類社會的豐富生活內容。所以一首詩能否達到審美要求，從這些客觀存在中，選擇與運用其相關的美的本質屬性，實為主要關鍵。

詩和其他藝術一樣，也是由三個層次組合而成。「第一層是藝術語言，它是作品外在的形式結構，就是文字、聲音……等所構成的層次」。「第二層是藝術形象，它是作品內在的結構」，是作者「審美意象的物態化」。有「視覺形象、聽覺形象、文學形象等」。「第三層是藝術意蘊」，它「深藏在藝術作品中」，為「更加形而上的東西，它是一種哲理或詩情，常常是只可意會，不可言傳」（註二）。就一首詩來說，藝術意蘊的美，更是不可缺少的，隱蔽在「客觀實在性內」的原始美。它「彷彿一位深閨獨處的少女」（註三），是詩人追求的主要對象。因此如何善用藝術語言和藝術形象，來表現這只可意會不可言傳的，藝術意蘊的美，就成為詩創作的主要課題。

李元洛教授說：「抒情詩，長於點的表現，而不長於線的敘述或面的鋪陳」（註四）。這是對詩的內容所涉及之範圍而言。其實勿論是表現、敘述、鋪陳，我們若將其加以抽象後，就不難發現：其中有一條線路在主導，而顯示其某種線條美。即使最短如泰戈爾的一句詩：「思想以其語言滋養自身而茁壯」。這思想、語言與茁壯的巧妙關係，就已顯露了抽象的曲線美。所以要運用藝術語言和藝術形象，來完美的表現詩的藝術意蘊，就必須掌握「線」的美質屬性，來美化詩的第一層和第二層的有效結構，才能達到審美要求的理想。

根據美學的探討，最具抽象的形式美，是直線和曲線。直線是點在空間按同一方向運動的軌跡，以修辭來看，有「直陳」的意謂，即「以直率的語句，寫奔迸的情感，劈空而來，一瀉無餘，使語勢遒勁」（註五）。例如：

一、聞官軍收河南河北　杜　甫

劍外忽傳收薊北，初聞涕淚滿衣裳。

卻看妻子愁何在？漫卷詩書喜欲狂。
白日放歌須縱酒，青春結伴好返鄉。
即從巴峽穿巫峽，便下襄陽向洛陽！

二、開拓者喲開拓者！ 美·惠特曼

來吧，我臉頰晒黑的孩子，
遵守秩序，備妥武器，
你帶了手槍沒？你帶了銳斧沒？
開拓者喲開拓者！
我們不能在此耽擱，
我們必須前進，親愛的孩子，我們必須首當其衝，
我們是年輕堅韌的種族，其他人全依賴我們，
開拓者喲開拓者！……（吳潛誠譯）

這兩首詩，第一首真是「一氣流注，其疾如風，這種直遂的形容，使人讀了也產生手舞足蹈的酣暢情緒了」（註六）。第二首，也真是以「率直的語句」，將奔迸的情感一瀉無餘，而表現了豪爽的直線美。

直線的基本類型，又分水平線、垂直線和斜線等。而「水平線使人感到廣闊和寧靜；垂直線使人感到上騰和挺拔；斜線則使人感到危急或空間變化」。此外，「短碎的直線」、「較長的直線延伸」、「許多短直線的水平排列延伸」，都能分別給人以流動感、停頓感，或急促的節奏感等（註七）。這些不同類型的直線感，同時也給人帶來不同的美感經驗。因而可創作出平靜、挺拔，或空間變化等各式各樣，具有直線美的詩作。如：

一、望洞庭 劉禹錫

湖光秋月兩相和，潭面無風鏡未磨。
遙望洞庭山翠色，白銀盤裡一青螺。

二、攝山最高峰 柏靜濤

石磴層層路幾盤，天風高接碧空寒。
長江狹甚鍾山小，人在最高峰上看。

三、下江陵 李白

朝辭白帝彩雲間，千里江陵一日還。
兩岸猿聲啼不住，輕舟已過萬重山。

四、夜 印度·奈都夫人

蛇兒在罌粟裡瞌睡，
螢火蟲照亮無聲的豹路，
在迷亂的小徑，膽怯的羚羊走入歧途，
鸚鵡的羽毛比夕照更為光輝。
哦，靜一點，溪上蓮花的蓓蕾，
擺動著像夢中的甜美少艾。

一道身份標記在天宇之碧色的額上，
金色的明月燃燒得虔敬而光亮，
清風在林中的廟宇裡舞蹈，
在夜的聖足邊暈倒。
別作聲，在靜寂中神秘的聲音在歌唱，
在神前他們正上香。（糜文開譯）

五、歌 西班牙·希梅內斯

上面是鳥的歌聲，
下面是水的歌聲。

從上到下
打開了我的心靈。

水搖曳著花朵，
鳥搖曳著星星。
從上到下
顫動著我的心靈。（趙振江譯）

六、浮生之半　德國·荷爾德林

大地以黃梨似金
和野玫瑰的花絲如錦
投影於湖中。
優雅的天鵝，
陶醉於親吻
不斷探首於
靈澈的水中。

堪嘆冬日將至，
哪兒是我尋覓花朵的地方
還有陽光
和大地的一片蔭涼？
城牆無語立孤寒
風聲裡
畫旗潑喇翻。（歐凡譯）

以上第一首寫「洞庭湖」，在月光與湖光相映中，無風無浪一片寧靜，從水平線望去，不僅如明鏡、銀盤，且運用湖中，「君山」島似「青螺」之小來顯其大，更表現了水平線的廣闊與寧靜美。第二首〈攝山最高峰〉，從「天風高接碧空寒」的峰頂，垂直向下看去，「石階的層次盤析分明」，「那長江和鍾山都縮得極小」（註八），已表現其有垂直線的挺拔美。第三首〈下江陵〉，從「千里江陵一日還」，到「輕舟已過萬重山」，每一句都充分表現出直線延伸的快速流動美。第四首〈夜〉，從「蛇兒在罌粟叢裡瞌睡」，到最後一句：「在神前他們正上香」，連成一條美的水平線，也寫出了一個美麗的夜。第五首〈歌〉，是一首「大膽追求直接表達形式，提倡自由體」的短詩（註九）。詩中「從上到下」的鳥和水的歌聲，及星星與花朵被搖曳所引起的心靈顫動，已表現出直線的垂直美。第六首〈浮生之半〉，這題目「可以是指人生過半，又可以是指一年之中夏去冬來，歲月過半」，而有象徵「普遍的生命危機感」之意謂（註一〇）。從第一節天鵝陶醉於夏季美好風光的描寫，到第二節詩人「甚嘆冬日將至」，孤寒會帶來惡劣環境的危機，這顯然是由水平線轉為斜線的美感經驗。

接下來談曲線美，「曲線是點在空間逐漸變換方向的軌跡；有波紋線、螺旋線、拋物線等類型」。它們所給人的感覺是流動、變化、柔和、輕巧與優美（註一一）。所以凡是具有曲折、婉轉、柔美的詩作，都屬此類。如：

一、覽鏡詞　毛奇齡

漸覺鉛華盡，誰憐憔悴新？
與余同下淚，只有鏡中人。

二、花下醉　李商隱

尋芳不覺醉流霞，倚樹沉眠日已斜。
客散酒醒深夜後，更持紅燭賞殘花。

三、春夜洛城聞笛　李　白

誰家玉笛暗飛聲，散入春風滿洛城。

此夜曲中聞折柳，何人不起故園情！

四、異域香 法國・波德萊爾

當我閉上雙眼，在暖秋的晚上，
聞著你那溫暖的乳房香氣，
我就看到幸福的海岸浮起，
那兒閃耀著單調的太陽光芒。

悠閑的海島，獲得自然的恩賞，
長滿奇異的樹木，美味的果實；
婦女的眼睛天真得令人驚異，
男子們身體瘦長而精力很旺。

你的香氣領我到迷人的地方，
見一座海港，佈滿船帆和帆檣，
還露出受海浪顛簸後的餘慵。

而那綠油油的羅望子的清香，
在大氣中盪漾，塞滿我的鼻孔，
在我心中混進水手們的歌唱。（錢春綺譯）

五、悄聲細語，羞澀的呼吸　俄·費特

悄聲細語，羞澀的呼吸，
　夜鶯的啼鳴，
朦朦朧朧的小溪
　波光粼粼，

夜的光，夜的陰影
　無窮無盡，
神奇地變幻不定的
　可愛的面龐，

煙雲彌漫，玫瑰紅艷艷，
　琥珀的光華，

又是熱吻，又是淚痕，
晨曦，啊，晨曦！（心聲譯）

以上第一首〈覽鏡詞〉，「不說我在獨自流淚，偏說有人與我一同下淚，但與我一同下淚的」，原來仍是鏡中的自己。此即「用紆徐的言辭來代替直裁的表達，故意使文句與含義紆曲」（註一二），以表現其曲線美。

第二首〈花下醉〉，首句中之「流霞」，乃神話傳說的仙酒。不過「醉流霞」之含義雙關，一方面指酒醉，一方面又暗喻對花的陶醉，而有身心俱醉的情態。這首詩從「流霞」的醉，經過二、三句的曲折，到末句「更持紅燭賞殘花」的更深一層的醉，充分表現了巧妙的曲線美。

第三首〈春夜洛城聞笛〉，主要在以「何人不起故鄉情」，來表達對故鄉的思念。雖然前三句都在寫笛聲，但從那含離別義語之「折柳曲」的笛聲，已巧妙地表現了詩的另一種曲線美。

第四首〈異城香〉，是波德萊爾「為其情人，黑人混血兒讓·迪瓦爾所寫的。詩人從情人黝黑乳房上所散發出來的香氣，想到了香氣四溢，陽光醉人的熱帶景色——他想像中的天堂，理想的國土」（註一三）。因此從那散發出香氣的乳房，到那想像的異域風情之描寫中，不難看出許多令人陶醉的曲線美。

第五首〈悄聲細語，羞澀的呼吸〉，「被認為是費特愛情詩的傑作」，而「在這首詩中，費特不用言辭，而用悄聲細語、夜鶯的啼鳴、流水、波光、陰影和晨曦來描寫人的愛情」（註一四）。不僅很美，而且每一個意象都有自己的曲線美，其組合更是不同曲線美所構成的一首愛情詩。

總之，直線和曲線，應是所有藝術抽象的基本形式，無論繪畫、音樂，或是文學、戲劇。而詩屬文學，特重意蘊的藝術語言與藝術形象之表現，其抽象的直線和曲線之運用，更是一首詩成功與否的關鍵。同時直線和曲線，都各具有多種不同類型，且在運用時多不主張單獨考量，而應根據內容或所要表現的意蘊之需要。所以直線與曲線的相互配合，綜合運用，實為詩創作的另一課題。

最後，例舉普希金的〈風暴〉。乃描寫一位身穿白衣的少女，獨立於波濤中的岩石上，以暴風雨來突顯「大自然粗獷的陽剛之美，與少女纖巧的陰柔之美互為映襯」，而構成了「清新、美麗、迷人的意境，令人神往，使人陶醉」（註一五）。在這首詩的抽象形式中，不僅有直線和曲線之美的組合，且那隱藏的藝術意蘊，更是「激起了人們無窮的聯想」。原詩如后：

風暴　俄國·普希金

你可看過岩石上的少女，

穿著衣裙，立於波濤上，
當海水在混亂的幽暗裡，
和岩石嬉戲，猖狂地轟響，
當雷電以它紫紅的光輝，
不斷閃出它的形象，
而海風在衝擊和飛舞，
揚起了它的輕飄的雲裳？
美麗的是幽暗的狂暴的海，
閃耀的天空沒一塊蔚藍，
但相信吧：岩石上的少女
比波浪、天空、風暴都更美麗。（查良錚譯）

二〇〇二，一二，二五。

附註

註一：美學辭典——美的客觀性條（張丹寧）

註二：藝術學概論——藝術作品的層次（彭吉象著）
註三：抽象藝術論——人與事物（趙雅博著）
註四：詩美學——論詩的意境美（李元洛著）
註五：字句鍛鍊法——直陳（黃永武著）
註六：同註五
註七：同註一——線條美
註八：同註五——示現
註九：世界詩歌鑑賞大典——〈歌〉之解讀（黃桂友）
註一〇：同前——〈浮生之半〉解讀（克魯姆、胡德金）
註一一：同註一
註一二：同註五——曲折
註一三：同註九——〈異域香〉解讀（溫永紅）
註一四：同註九——〈悄聲細語，羞澀的呼吸〉解讀（傅品思）
註一五：同註九——〈風暴〉解讀（傅品思）

一六、一顆鑽石一首詩

——談詩的藝術加工

一首好詩，如一顆瑰麗的鑽石，淨瑩閃耀，光彩奪目。而鑽石之所以能產生如此效果，並非天然，實因其經過藝術的設計與雕琢。

鑽石的設計，首先須視鑽石晶體類別而定，主要原則在把握其內部紋理，利用最大的光學效果，以及百分之十七的光線由表面反射，百分之八十三的光量能進入內部的鑽石特性，來設計出最適當的反光度與折光率，以求生動（Life）而有虹色火彩（Fire）之光澤（Brilliance）效應。同時也能隨鑽石的角度變動，而產生反射光芒之密集度變化的美的閃耀（Lustre）。所以對鑽石的反光度與折光率間之平衡的設計，更是不可不注意的根本課題。

古云：「玉不琢不成器」。一塊未經雕琢的天然鑽石，是不可能成為瑰麗而有價值的寶石的。若要將其雕琢成器，就必須經過以下的藝術加工：

一、劈裂（Cleaving）：劈裂為鑽石造形的簡捷方式，主要在沿著晶體紋理施工，以俾藉其劈裂面，來將一鑽石劈裂成有用之材。

二、鋸割（Sawing）：鋸割乃藉鑽石鋸，來除掉鑽石的瑕疵部份，或視需要，用以調整晶體的大小。

三、擦琢（Bruting）：亦即切磨（Cutting），乃是以各種切磨方式，來將鋸割後之鑽石予以切磨定形。有圓鑽式切磨、玫瑰切磨、階形切磨等多種方式。

四、輪磨（Grinding）：輪磨乃藉用鑽粉調製的輪盤式磨具，來展開切磨加工以使鑽石表面平坦。

五、拋光（Polishing）：拋光有擦亮意謂，乃利用拋光盤（電動水平磨盤），藉類似輪磨但比輪磨更精細之操作，來調製最後高品質的鑽石表面，使其更美更光亮（註一）。

綜合以上介紹，可見一顆瑰麗絕倫的鑽石，是出於完美設計，並經過多種鑽石加工，才達到光澤閃耀的效果。同理，一首詩的創作，也必須有鑽石般的藝術加工，才能達到創作理想。而詩人所要表達的情意，也正如一塊天然的鑽石，雖已有其內在晶體的紋體，但若未經藝術語言的雕琢，依然不能成為好詩。所以詩的創作，主要在利用語言學的藝術效果，來寫出美的詩篇。從鑽石加工的啓示中，可歸納出詩的創作要求，有以下數點：

第一，準確逼真：準確之目的，在要求語言運用的效果。如鑽石的雕琢要恰到好處，俾能產生適當的反光度與折光率。詩的創作，常常一字之差效果完全不同。而逼真，則在意象的雕琢與運用；雕琢要精準，運用要恰當，意象才能給人以真實感。因此詩的創作，首在思路不離主題，如鑽石加工沿著晶體紋理，反覆推敲，善於取捨。例如：

一、題李凝幽居（前四句） 賈島

閑居少鄰並，草徑入荒園。
鳥宿池邊樹，僧敲月下門。

二、山園小梅（前四句） 林和靖

眾芳搖落獨暄妍，占盡風情向小園。
疏影橫斜水清淺，暗香浮動月黃昏。

這兩首詩，前一首《題李凝幽居》，其中三四兩句：「鳥宿池邊樹，僧敲月下門」。傳說其中的「敲」字，賈島曾與「推」字比較，反覆斟酌，並經韓愈指點，最後才決定用「敲」字。首先從句法來看，三四兩句，一寫視覺、靜態。一寫聽覺、動態。兩者對比，「敲」字「更能涵攝『對立的統一』，呈現『統一中有變化』的律動情境」（註二）。其次從音韻來看，「鳥宿」與「僧敲」，「上下對仗，不僅字義上對得工，聲音上也對得工巧，念起來自然流暢，抑揚頓挫，琅琅上口，易吟易唱」（註三）。最後再從意境來分析，「敲」的敲門聲，「更顯出月夜的寂靜，很富有詩意」，而且「準確、恰當」（註四）。

後一首《山園小梅》，據說詩中的「疏影」與「暗香」，是從前人「竹影橫斜水清淺，桂香浮動月黃昏」的殘句中，把「竹」改為「疏」、「桂」改成「暗」。因為「梅花以疏為美，以曲為美，直則無姿態，所以疏影橫斜就顯出美來」。而「梅花香氣清幽，如絲如縷，時有時無，和動詞『浮動』的搭配真是天衣無縫」。同時，詩中強調梅花的「疏影」、「暗香」，更「抓住了梅花的本質特徵」，而「反映了詩人清靜淡泊的隱逸情趣和不染塵俗的高潔品性」。可見只把「竹」改成「疏」，「桂」改「暗」，就使前人的殘句，「變成了千古佳句」（註五）。所以準確逼真，是一首詩的基本要求。

第二，簡潔通俗：簡潔「就是用極少的文字去表現豐富的內容」。尤其詩特重簡潔，能字字珠璣，方為上品。不過若要達到理想，就「必須忍受割愛，要竭力去掉可有可無的字與句」，如鑽石的割鋸，割除一切不當或瑕疵。「當然，在追求語言簡潔的同時，絕不能走極端」。「該簡則惜墨如金，該繁則用墨如潑。」（註六）。

再說通俗，通俗並非俗而不雅，主要在便於引起讀者的意會或言傳之共鳴。共鳴的先決條件，當然是懂得。一首作者自己才能懂的詩，不是故弄玄虛，就是垃圾一堆。而語言的易懂或難懂，常與是否通俗有關。同時，「語言的通俗和語言的華麗一樣，也是一種美」。「有時還比華麗的語言更有分量、力度和深度」。故須「於樸素、自然、平實中見威力、見深刻乃至見幽默」，不過，通俗「也要注意避免走極端」，不能太俗、太土，而要「做到既通俗易懂又形象生動」（註七）。例如：

一、登樂遊原 李商隱

向晚意不適，驅車登古原。
夕陽無限好，只是近黃昏。

二、洗兒詩 蘇東坡

人家養子愛聰明，我為聰明誤一生。
但願生兒愚且魯，無災無害到公卿。

以上第一首詩《登樂遊原》，係最簡潔之五言絕句。寫作者在黃昏時，登長安城南之「樂遊原」，瞭望長安，觸景生情。「他既傷痛時代的沒落，家園的淪亡，又慨嘆自己身世遲暮，壯志難申。全詩寫情寓理於景，含蘊深廣」（註八）。雖然只二十字，但其內容豐富，確是一首簡潔的好詩。第二首《洗兒詩》，乃寫宋代習俗，為出生三天後之嬰兒舉行洗澡禮時，父母對嬰兒的希望。本詩是將此「希望」如鑽石劈裂成正反兩面，顯然作者有感於自己不得志的遭遇，而由反面切入，以反諷當時的官場。全詩詞句通俗，但又不太俗、太土，真的「做到既通俗易懂」，且字字珠璣。

第三，新穎生動：新穎即「創新」，創新在「一洗恒俗的藻飾，造成一種清新的境界與美感」（註九）。是「修辭上的出乎意外，始於刷新語感，打破語言慣性與惰性，化腐朽為神奇，形成嶄新、超常的組合」（註一〇）。能使「作品波瀾迭起，引人入勝」，乃「構成藝術魅力的最重要因素」（註一一）。

創新之道首在想像，「想像是人腦在改造記憶表象的基礎上，創建新形象的心理過程」。也「是已有的記憶表象，經過人腦加工改造後」，所形成的藝術的「想像表象」。因為此改造後的表象來自記憶，記憶則是源於生活經驗，故「優美的想像之樹，是深深紮根在現實生活的土壤裡的，離開了現實，就沒有想像」（註一二）。所以想像不是平空得來，而是從實際生活經驗中琢磨提煉而來。

與新穎同樣重要的是「生動」。一首詩之所以能感人、動人，主要在「用最生動的語言，將作者的思想、感受等，以最佳的表現形式，呈現在讀者的面前」（註一三）。而語言的生動，主要在能「活化修辭」。也可說：「生動是所有修辭共通的指導原則」（註一四）。在此一原則下，許多辭格都可利用，如「比喻」、「對比」，就是重要的修辭技巧。抒情以修辭來美化，如「象徵與抒情的巧妙結合」，就可「增強詩的藝術感染力」（註一五）。總之，新穎與生動，如鑽石之美麗拋光，是詩的創作，所必須追求的目標。例如：

一、半輪殘月　李小妹

半輪殘月掩塵埃，依稀猶有開元字。
想見清光未破時，買盡人間不平事。

二、望廬山瀑布　李　白

日照香爐生紫煙，遙看瀑布掛前川。
飛流直下三千尺，疑是銀河落九天。

三、善良的正義　法國·艾呂雅

這是人類熱烈的規律：
用葡萄，他們製造酒，
用煤炭，他們製造火，
用親吻，他們製造人。

這是人類嚴峻的規律：
不顧戰爭和苦難，
不顧致命的危險，
生命反正要保全。

這是人類甜蜜的規律：
使水轉變為光明，
使夢轉變為現實，
使敵人轉變為兄弟。

這條規律既古老又新鮮，
從赤子之心的深處，
一直到理智的頂點，
規律越發展越完善。（羅大岡譯）

以上三首詩：第一首《半輪殘月》，據說是古時有位善詩文的李小妹，她撿到半邊銅錢，是唐開元所鑄，不禁感慨而吟此詩。詩中把破銅錢比喻為「半輪殘月」。把「清光」代月亮，喻未破銅錢，新穎而形象生動。「掩塵埃」寫銅錢破舊，極妙。用「買盡人間不平事」，來詛咒金錢罪惡，更有深意。

第二首《望廬山瀑布》，頭一句把香爐峰渲染很美。第二句用「掛」字來寫活了「遙看」中的瀑布形象，很妙。第三句「飛流直下三千尺」，字字堅鏘有力，極為生動。第四句「疑是銀河落九天」的比喻，新奇而又真切，誇張而又自然，使整個形象豐富多彩，雄奇瑰麗。

第三首《善良的正義》，乃詩人以「富有哲理、深情和象徵寓意的藝術方式」，來把「美好道德的公理」展現給讀者。「正義」本來是抽象的，但作者卻能具體地從側面來伸張這個公理：「人類要生活、要自衛、要創造」（註一六）。不僅新穎生動，更「增添了哲理詩的魅力」。

第四，意蘊情趣：意蘊是什麼？正如黑格爾所說：意蘊「是比直接顯現的形象更為深遠的一種東西」。再具體一點說：「它是一種哲理或詩情，常常只可意會，不可言傳」。是「內在的生氣、情感、靈魂、風骨和精神」（註一七）。若以鑽石觀點來看，它是一種「潛在光澤」。這種光澤的產生，是由進入鑽石內部的百分之八十三的光量折光而成，比那只有百分十七的，鑽石表面光線反射所成者，更為重要。同時，在設計和雕琢時，還必須確保進入鑽石內部之光線，不致穿透側面及背面而喪失，否則這「潛在光澤」會大打折扣。同理，詩的意蘊——潛在光澤，是否打了折扣，當然會直接影響詩的品質。所以把詩人的情意，巧妙地融入意象和意境中而不流失，以俾能產生「言有盡而意無窮的藝術意蘊」，是詩創作不可不重視的課題。

再談「情趣」，詩若只有嚴肅的意蘊，而無情趣的表現，就是意蘊再好，也很難動人、感人。所以「詩若缺乏情趣，便失去動人的魅力」（註一八）。而情趣是什麼？簡單說：是「情」與「趣」的辯證統一，著重在一個「趣」字。也可說：「趣是作品能給人以美感的一種審美屬性。作品有趣就能感人，無趣就不能感人」。此「就主觀方面而言，趣是屬於人們創造和欣賞藝術美的審美意識；就對象而言，趣是藝術作品能夠激起人們美感的審美屬性」。它「是寫意藝術流派的理想美」，是「藝術境界的極至」（註一九）。所以就詩的創作藝術而言，意蘊與情趣若能融合，必成上品。例如：

一、盆池（其二） 韓　愈

莫道盆池作不成，藕梢初種己齊生。
從今有雨君須記，來聽蕭蕭打葉聲！

二、詠月

曹雪芹

精華欲掩料應難，影自娟娟魄自寒。
一片砧敲千里白，半輪雞唱五更殘。
綠蓑江上秋聞笛，紅袖樓頭夜倚欄。
博得嫦娥應自問，何緣不使永團圞。

三、請把我帶走

比利時·米　肖

請把我帶到一隻快帆船裡，
帶到那古老而溫存的快帆船裡，
帶到船柱裡，如果你願意，帶到浪花裡，
請把我遺失在遠方，遺失在遠方。

請把我帶到另一個年齡的拉套裡，
帶到瑞雪的迷人的氈絨裡，
帶到幾集偎在一起的狗的氣息裡，
帶到疲憊不堪的落葉群裡，

請把我帶到親吻中——不要把我粉碎，
帶到在網球地毯上起伏著，
呼吸著的胸脯和微笑裡，
帶到長骨頭的骨腔裡和關節裡。

請把我帶去，或者最好葬入土地。（葛雷譯）

這三首詩，第一首《盆池》，主要寫小瓦盆中種荷，藕梢栽下不久，就生出莖來，詩人非常興奮。因為荷在中國文人眼中，被視為君子，此詩之作，有象徵詩人的情懷與雅致。最後兩句，不僅生動，其意蘊更讓人有廣闊的想像空間，極富情趣。

第二首《詠月》，是曹雪芹在《紅樓夢》裡，藉林黛玉教香菱學詩，以《詠月》為題，要求要達到「意趣真」的理想。香菱所寫的第一首，被評為措詞不雅，亦無詩趣。第二首也未達理想。本詩是其所寫的第三首，才被評為「新巧有意趣」。首聯「寫出了秋月顧影自憐」。頷聯「寫思婦、征夫的怨情」。頸聯「寫羈旅、室家的愁思」。尾聯則「藉嫦娥自問收束，托出境界：秋月清輝灑遍淒涼的人寰，到處是天各一方、身世飄零的哀怨」（註二〇）。全詩意蘊豐富而有情趣。

第三首《請把我帶走》，從「表面看來是以極為荒誕的形式寫出來，詩中的我究竟是個什麼東西」？「它可能是一種力量，也可能是一種意識，也可能是一種思維的觸角。但無論如何說明，這個我無處不在，無孔不入，無堅不摧的」。但「人們無論做出何種推測，也否認不了這個『我』具有一種驚人的力量和堅韌的精神」（註二一），除了可供欣賞，還有鼓舞人心的作用，所以是一首具有意蘊和詩趣的「超現實主義」的傑作。

總之，若要詩的語言能產生藝術效果，就必須達到準確逼真、簡潔通俗、新穎生動和意蘊情趣四大基本要求。一顆鑽石一首詩，要寫出一首好詩，就不能不像鑽石的藝術加工：先設計後雕琢；根據構思，從生活經驗中劈取有用之材，割捨其不需或不適者，然後對所選用的每個字或詞，仔細揣摩，精雕細琢，並善加修改，精益求精，來完成一首詩的藝術加工，以求達到如鑽石般的拋光效果，能將其「潛在光澤」十分風趣地表現出來。所以一顆鑽石一首詩，詩的藝術加工，不能不藉助像鑽石般的精雕細琢。

二〇〇三，三，二三。

附註

註一：以上參考《鑽石世界》一書。（張志純編譯）。

註二：修辭新思維——統一與變化。（張春榮著）。

註三：語文應用漫談——從韓愈替賈島選詞說起。（韓敬體編•孟守介作）。

註四：語言藝術妙趣百題——準確。（彭華生著）。

註五：同註三——由「音香」、「疏影」所想到的。（邱曉彤作）。

註六：同註四——簡潔。

註七：同註四——通俗。

註八：唐詩三百首譯析——登樂遊原簡析。（李星、李淼譯註）

註九：字句鍛鍊法——以創新出色。（黃永武著）。

註一〇：同註二——執正馭奇。

註一一：同註四——新奇。

註一二：同註四——想像。

註一三：同註四——魅力。

註一四：同註二——辭格的省思。

註一五：同註四——新穎。

註一六：世界詩歌鑑賞大典《善良的正義》。（辜正坤主編。王光解析）

註一七：藝術學概論——藝術意蘊。（彭吉象著）。

註一八：論現代詩——意味。（覃子豪著）。

註一九：美學辭曲——趣。（王世德主編。王誠琥作）。

註二〇：同註四——意境。

註二一：同註一六《請把我帶走》解析。（葛雷）。

一七、字字珠璣綴成夢

我寫《一顆鑽石一首詩》，主要在以鑽石的藝術加工，來說明詩的創作過程。因此涉及到一些鑽石學的專業詞語，如「劈裂」、「鋸割」、「擦琢」、「輪磨」和「拋光」等。其中「擦琢」即「切磨」，而在「切磨」的多種方式中，有所謂「玫瑰切磨」，意即將天然鑽石切磨成玫瑰花形狀。因玫瑰花是美的象徵，故而觸發了我的靈感，寫了一首《送妳一朵鑽石玫瑰》，其中有一段，是直接採用以上專業詞語，如下：

這朵鑽石綻開的花朵
是最高尚的礦材
從我心中開採的無色晶體
經過光學設計
經過玫瑰切磨的造形

經過輪磨與拋光精巧的美容
讓花在陽光裡微笑
讓陽光的養分
消化在花的生命裡
把光折成
燦爛的七色虹彩

寫成後，我總覺得有些生硬，未能將其化為詩的語言，無法給人以藝術的美感。
因此經過一再考慮後，重新加以改寫如下：

鑽石的花朵
來自我心中的晶體
不凋的玫瑰
成長於藝術的精雕
在陽光裡
鑽石的玫瑰展顏微笑
那柔和的光
已透入花底生命

那光之夢
已化作七色虹彩

這其中只改用了一句「成長於藝術的精雕」，就取代了那些專業詞語，讀起來已像詩的語言，且以「成長」活化了「精雕」。因此我覺得，有進一步來探討詩的「語言美」之必要。

詩的語言非一般語言，「詩的語言，是至精至純的文學語言，詩的語言藝術，是最高的語言藝術」（註一）。而「文學語言的基本特點是形象性、豐富性、音樂性和感情色彩」（註二）。尤其在文學語言中，「詩歌的語言，是一切文學作品中最凝煉、最優美、最富有音樂感的語言」（註三）。它「最顯著的特徵，是飽含著詩人豐富的想像和情感」（註四）。也可以說，詩的語言是富於想像的，表現形象美、感情美、音樂美的藝術的「美的語言」。而詩運用「美的語言」，目的在「創造出美的意境」。這種語言所創造出的「美的意境」，可「令人咀嚼不盡，滋味無窮，給欣賞者帶來蘊藉雋永、無限豐富的美感」（註五）。所以詩的語言，即「美的語言」。

若再從「意境」來看，「美的意境」，是詩人在寫一首詩時，「嘔心瀝血、字斟句酌」，所夢寐以求的最高境界。這境界有如夢境，其中已完全融入了詩人的夢。

所以創作一首詩，亦如將字字珠璣，綴成一個美的夢。

然而，什麼是「美的語言」？如何運用美的語言來完成詩人的夢？簡單說：凡所運用之語言能產生美的效果者，就是美的語言。我以為美的效果有四種：一，生動有力。二，曲折巧妙。三，精緻新穎。四，悅耳動聽。就語言學的論點來說：「一個語句，從它的結構規律去看，是語法的事；從這個語句的思維過程著眼，是邏輯的事；從它的表達效果考察，便是修辭的事了。語法管『通不通』，邏輯管『對不對』，修辭管『好不好』。分析語言事實，常常會同時牽涉這三個方面」（註六）。因此，如何運用修辭的手法以產生語言美的效果，是必須探討的課題。

第一，生動有力：生動的語言，即「活」的語言；有力的語言，即語文能力之「強化」。一切修辭，都是「活」的語言之「變化」、「強化」。故「能隨變通會」，「活出精采」、「活出趣味」（註七），而生美感。能使語言生動的修辭手法很多，如擬人、比喻、對比等。能使其有力的強化手法亦不少，如誇張、重複、警句等。例如：

一、題都城南莊　崔　護

去年今日此門中，人面桃花相映紅。
人面不知何處去，桃花依舊笑春風。

二、**昭君** 江盈科

玉環飛燕總妖精，亡國千年受罵名。
只有明妃真女子，雙蛾直作漢長城！

以上第一首詩中：「人面桃花相映紅」，用桃花喻少女之臉，很美。「桃花依舊笑春風」，是將桃花擬人化，而一個「笑」字，已將語言活化了，更有生動之美。在第二首詩中：「雙蛾直作漢長城」，寫王昭君和親匈奴，使匈奴大軍從此不再入侵中原。此詩以娥眉作長城，而「娥眉之小，長城之大；娥眉之柔，長城之剛，兩條眉毛居然直作漢長城，擋得住千萬雄師」（註八），這是將娥眉的陰柔之美，誇張為長城的陽剛之美，妙！

第二：曲折巧妙：曲折是「用紆徐的言辭來代替直截的表達」，俾能產生「句意逆折，深婉不盡」的語言美（註九）。而巧妙則是詞句靈巧高明，語意精細美妙，超過尋常。能使語言曲折的修辭手法有委婉、借代、反語等。能使語言巧妙的修辭手法有雙關、回文、歇後等。例如：

一、**花不醉** 李商隱

尋芳不覺醉流霞，倚樹沉眠日已斜。
客散酒醒深夜後，更持紅燭賞殘花。

二、竹枝詞（其十） 劉禹錫

楊柳青青江水平，聞郎江上踏歌聲。
東邊日出西邊雨，道是無情卻有情！

第一首《花下醉》，其首句中之「醉流霞」，由於「流霞」是一種仙酒，故「醉流霞」，「既明指為甘美的酒所醉，又暗喻為艷麗的花所醉。從『流霞』這個詞語中，可以想像出花的絢爛、光艷，想像出花的芳香和情態，加強了『醉』字的具體可感性」。而第三、四兩句，「夜深酒醉後的『賞』，正是『醉』的更深一層的表現」（註一〇）。全詩從「流霞」的醉、「依樹沉眠」的醉，到深夜酒醒後對「殘花」的醉，不僅表現了委婉的修辭手法，更是創造了一個繽紛之美的隱約朦朧的夢境。第二首《竹枝詞》，詩人巧妙地利用「晴」與「情」的同音，將「有晴」、「無晴」美化為「有情」、「無情」的雙關隱語。來寫出少女的思想感情，以及她與情郎間的關係。故「東邊日出西邊雨，道是無晴卻有晴」。從字面上看是在說明天氣，實際則是以少女的想像，來猜情郎的「踏歌聲」，道是「無情」卻是「有情」的。這真是「雙關語」的巧妙運用。

第三，精緻新穎：精緻是「純」與「美」的結合，精緻的語言，是「經過文學加工與合乎語言規範的高級形態」（註一一）。亦即是已除去雜質，非粗糙的「最凝煉、最優美」的詩的語言。而新穎，則是「能獨運靈思，一洗恒俗的藻飾，造成一種清新的境界與美感」，尤其先決條件是要「前人所未有」；其充分條件是要「後人所佩服」（註一二）。能使語言精緻的修辭手法有對偶、重疊、頂真等。能創新出色的語言則在想像與聯想之發揮，以詞語的轉化和引喻為主要手法。例如：

一、絕句　杜　甫

兩個黃鸝鳴翠柳，一行白鷺上青天。
窗含西嶺千秋雪，門泊東吳萬里船。

二、消失的酒　法國．瓦雷里

有一天，我在大海中，
（我忘了在天的何方，）
灑了一點美酒佳釀，
作奠祭虛無的清供……

美酒啊，誰願你消亡？
我或許聽了戰士說？
或許順我心的掛慮，

心想血液，手酹酒漿？

大海平素的清澄
起了薔薇色的煙塵
又恢復了它的純淨……

美酒的消失，波浪酩酊……
我看見苦澀的風中
奔騰著最深的姿容……（戴望舒譯）

以上第一首《絕句》，首句與第二句相對，第三句與第四句相對。在內容上可以說字字相對，非常精緻。不僅使人印象鮮明、深刻，而且增加了語言的均衡美。第二首《消失的酒》，在語言的運用方面，最新穎的一句是「酒的消失，波浪酩酊！」這「酩酊」二字用於波浪，以形容大海的醉，不僅新穎，而且很妙。因此「我們欣賞《消失的酒》，會對詩人的構思產生新奇、玄妙之感，會對酒使大海意外地冒出『聯翩形象』，令人產生美妙的遐想。瓦雷里之『模糊』藝術的高明正在於此」（註一三）。

第四，悅耳動聽：詩的語言，不僅要生動有力、曲折巧妙、精緻新穎，且在朗讀時，還要能悅耳動聽。這是「詩歌在形式上具有的音樂美的特徵」。此特徵「體現在詩的語詞音節節奏和韻律上」（註一四）。若「吾人不談專門聲韻知識，光是押個韻，就使文句很美」，亦即「端賴句末有韻，就讓人津津樂道」（註一五）。可見「押韻」等語音修辭，所譜出的詩的音樂美，必然更能感人、動人。

所謂語音修辭，「即通過對語音的選擇、組合調配來增強語言的表現力和感染力，提高語言表達效果」。不過由於「語言是聲音和意義的結合體，它既是一連串聲音的組合，又是一連串意義的組合。因此語音的這種選擇、組合和調配與語意的選擇、組合、調配是同步進行的」（註一六）。也可說：「自然朗讀所造成的音節的鏗鏘響亮、節奏的抑揚頓挫，以及音韻、音步的和諧配合或有規律的變化，都是為表達詩的內容服務的（註一七）。

語音修辭的手法，不外運用：「同音相成的『重疊』、異音相續的『錯綜』，以及同韻相協的『呼應』等」（註一八）。而對語音修辭的講究，舊詩較嚴，新詩則較自由。但不管新詩或舊詩，悅耳動聽都是不可少的要求。例如：

一、**行宮**　元　稹

寥落古行宮，宮花寂寞紅。

㊣仄仄平平　平平㊀仄平
白頭宮女在，閒坐說玄宗。
㊀平㊣仄仄　㊣仄仄平平

二、雨巷　戴望舒

撐著油紙傘，獨自
彷徨在悠長，悠長，
又寂寥的雨巷
我希望逢著
一個丁香一樣地
結著愁怨的姑娘。

她是有
丁香一樣的顏色，
丁香一樣的芬芳，
丁香一樣的憂愁，
在雨中哀怨，

哀怨又彷徨；

她彷徨在這寂寥的雨巷，
撐著油紙傘，
像我一樣，
像我一樣地，
默默彳亍著，
冷漠、淒清，又惆悵。

她靜默地走近
走近，又投出
太息一般的眼光，
她飄過
像夢一般地，
像夢一般地淒婉迷茫。

像夢中飄過
一枝丁香地，
像我身旁飄過女郎；
她靜默地遠了，遠了，
到了頹圮的籬牆，
走盡這雨巷。

在雨的哀曲裡，
消了她的顏色，
散了她的芬芳，
消散了，甚至她的
太息般的眼光，
她丁香般的惆悵。

撐著油紙傘，獨自
徬徨在悠長，悠長

又寂寥的雨巷，
我希望飄過
一個丁香一樣地
結著愁怨的姑娘。

這兩首詩，第一首《行宮》，是五言絕句。雖然其中第一句、三句和四句的第一個字，因處於可平可仄的位置，而有隨語意需要加以調整的自由，但句與句之間所確定的「平仄相對」和「平仄相粘」之原則，是不能改變的。也正因如此，才使這首詩有交錯、對立、音韻和諧、悅耳動聽。以加強了語意的生動表現，創造了深邃的意境，而富有雋永的詩味。第二首《雨巷》，因為「是一首極富音樂性的作品」，且在當時確「為中國新詩開闢了一條新的道路」（註一九），所以我特將全詩錄出以供欣賞。詩中將「結著愁怨的姑娘」，比作一朵美麗的丁香花，讀時使人聯想到崔護的詩句：「人面桃花相映紅」，能給人以美感。而「丁香」一詞的語音，與詩中相關詞句的語音巧妙配合，「音節、韻腳各方面頗似中國的舊詩詞」，可說是中國舊詩過渡到新詩的代表作。故作者能以此詩引起當時文壇注意，而贏得「雨巷詩人」的美譽。雖然他後來受法國象徵主義影響，改寫無韻自由詩（註二〇），不過我總認為語音修辭，從「增強語言的表現力和感染力，提高語言表達效果」來看，無論對舊詩或新詩的創作，仍然非常重要。

所以，詩的語言美，必須是生動有力的、曲折巧妙的、精緻新穎的、悅耳動聽的。不過，詩的語言雖不同於一般語言，但卻是一般語言的藝術加工、藝術提鍊、藝術運用。因此一位懂得語言藝術的詩人，就能「用生花妙筆，把平淡無奇的文字，組合成優美、生動、準確而精練的詩歌語言」（註二一）。

從語言學來分析，語言有兩大特性：一，民族性。二，時代性。以語言的民族性來說，漢語是中國人的共同語言，其形音義結合的漢語方塊字，是民族性的具體符號。而漢字不同於其他民族者，是一字一音，「單音綴語」；每個字都有「四聲」，已各含有音樂美之「音素」。同時詞的組合方便容易，詞義嬗變靈活，這些條件都便於藝術加工，便於自由想像的運用。尤其對詞義的擴展，「想像力愈強，意義愈豐富」（註二二）。所以具有民族性的漢語，是最利於詩作的語言。

再就語言的時代性來說，「一種語言在不同歷史時期有不同的特點」，因為「處在某一特定歷史階段，社會必然以它的時代精神和時代色彩，來豐富和感染民族語言」，使其「具有不同的時代色彩」（註二三）。所以處在今天科學文化發展到「知識爆炸」的時代，創造或利用新詞來美化詩的語言，也是追求新的語言美所不可忽略的。

總之，漢語方塊字，是一字一音，經過藝術加工、藝術提練、藝術運用，即可變成字字珠璣。在一首詩裡擺進恰當位置，便可綴成美的意境，完成詩人寫作的夢。

二〇〇三，六，二四。

附註

註一：詩美學——語言的煉金術。（李元洛著）
註二：美學辭典——文學語言。（王世德主編）
註三：藝術學概論——語言藝術的主要體裁。（彭吉象著）
註四：同註二——詩歌。
註五：同註三。
註六：現代漢語——修辭。（程祥徽、田小琳著）
註七：修辭新思維——以簡御繁。（張春榮著）
註八：字句鍛鍊法——誇飾。（黃永武著）
註九：同註八——曲折。
註一〇：唐詩新賞——李商隱《花下醉》。（劉學鍇析賞）

註一一：同註六——共同語。
註一二：同註八——以創新出色。
註一三：世界詩歌鑑賞大典——《消失的酒》析賞。（王光）
註一四：同註二——詩歌。
註一五：同註八——協律。
註一六：修辭通鑑——語音修辭。（成偉鈞主編）
註一七：同註二——詩歌。
註一八：同註八——協律。
註一九：北伐前後新詩作家和作品——戴望舒。（舒蘭著）
註二〇：同註前。
註二一：詩的技巧——語言的藝術。（謝文利、曹長青著）
註二二：語意學——激情的呼告。（謝康基著）
註二三：同註六——言語、風格。

一八、賽姬（Psyche）的愛與美

——詩創作的原動力

在希臘神話裡，有一則邱彼特（Cupid）與賽姬（Psyche）的故事。邱彼特是愛神，為美神維納斯（Venus）之子，而賽姬則為凡人，乃某國王最小的第三女，為絕世美人，其名遠播。但由於她的美超過了維納斯，以致維納斯的廟堂荒涼，很少人去膜拜。所以維納斯命其子邱彼特設法，要安排一個邪惡的怪物與她結婚，打算把她毀掉。此一心意，並通過阿波羅神諭，讓賽姬得知，她命中註定：「有一條可怕的有翼蟒蛇將娶她為妻」。

不過，後來邱彼特的箭，真的射中了賽姬的心，與她結婚並為她提供了豪華的生活享受。只是他們僅能在黑暗中見面，賽姬從未看過丈夫的真面目。因此賽姬在兩位已婚姐姐不懷好意的慫恿下，趁她丈夫入睡時點燈要看究竟，當她突然發現眼前的不是妖怪，而是一位最美的少年時，不僅感到自己不真誠的羞恥，也感到幸福。但不幸此時有幾滴熱油，落到丈夫肩膀上，使其因痛驚醒！非常埋怨的說：「沒有真誠的地方就沒有愛」，隨即離她而去。

賽姬在黑暗中追逐著自己丈夫，非常懊悔而痛苦地下定決心，堅持不放棄這份愛。於是她向諸神虔誠祈禱，希望能幫助她贏回邱彼特的心。但因諸神避免與維納斯發生爭執，故都未回應。最後，她只好直接去懇求維納斯，不過維納斯的回答是：賽姬要得到愛情是毫無希望的，除非她接受最艱鉅的任務來磨鍊自己。而其所交待的任務是：第一次要她將各色極細小的種子分類。第二次要她從兇羊身上取得金羊毛。第三次要她從一極陡峻的瀑布上取下黑水。最後更吩咐她下地府去，將波色芳的部分美色裝進一個盒子。雖然這些任務，以她的能力根本不可能完成。但每次都因賽姬的真情感動，有螞蟻，自動來幫忙、有河邊的蘆葦告訴她方法、有老鷹替她取得黑水，而波色芳更自願交給她所要的盒子。所以能經過一次接一次的考驗，最後又加上邱彼特對宙斯要求，宙斯終於答應，在諸神見證下，宣佈這對人神結成連理，並賜給仙果讓賽姬品味而變成天仙。若說「賽姬」意為「靈魂」，邱彼特意為愛，即「愛與靈魂相尋，結成連理，透露了愛中只有靈魂，靈魂中只有愛，界定了愛情的純粹意義」（註一）。

從語意學來看，賽姬（Psyche-P）一詞，不僅有靈魂（Soul-S1）之意，也涵蓋一切精神（Spirit-S2）層面。故在精神或心理學方面，Psyche 構成了許多合成詞，如Psychynamiss（精神力學）、Psychoanalysis（心理分析學）、Psychometry（心理測定學）等。因此「誰在主宰我們生命的一切呢？就是冥冥中那個大寫 P 的賽姬（Psyche），崇高地在最上面，那 S1（Soul）和 S2（Spirit）跟隨著 Psyche 片刻不離的，是我們聖靈的感召，是生命的意義與價值」（註二）。而在《邱彼特與賽姬》的神話中，顯然賽姬已成愛與美的化身。這愛與美，也正是詩人所要表現的、追求的。發於愛而成其美，故愛與美常常是詩創作的原動力。所以凡能感人動人的詩篇，無不是愛與美的藝術成果。例如：

一、無題　李商隱

相見時難別亦難，東風無力百花殘。
春蠶到死絲方盡，蠟炬成灰淚始乾。
曉鏡但愁雲鬢改，夜吟應覺月光寒。
蓬萊此去無多路，青鳥殷勤為探春。

這是一首膾炙人口的愛情詩，尤其詩中「春蠶到死絲方盡，蠟炬成灰淚始乾」二句，乃是以「最有表現力的比喻來寫強烈的相思和至死不渝的愛情。是最精彩的部分，也是千古傳頌的名句」，「這樣忠貞的感情無疑是一種崇高的精神，不但在愛情中是可貴的，對生活的其他方面，如友誼、工作、事業都是需要的」。而「全詩構思新穎巧妙，想像細緻入微，比喻精確得當，語言生動精辟，意境優美，情思綿邈」（註三），真是難得。

二、長恨歌（節錄） 白居易

漢皇重色思傾國，御宇多年求不得。
楊家有女初長成，養在深閨人未識。
天生麗質難自棄，一朝選在君王側。
回眸一笑百媚生，六宮粉黛無顏色。……

雲鬢花顏金步搖，芙蓉帳暖度春宵。
春宵苦短日高起，從此君王不早朝。
承歡侍宴無閑暇，春從春遊夜專夜。
漢宮佳麗三千人，三千寵愛在一身。……

翠華搖搖行復止，西出都門百餘里。
六軍不發無奈何，宛轉蛾眉馬前死。
花鈿委地無人收，翠翹金雀玉搔頭。

君王掩面救不得，回看血淚相和流。……

歸來池苑皆依舊，太液芙蓉未央柳。
芙蓉如面柳如眉，對此如何不淚垂。
春風桃李花開日，秋雨梧桐葉落時。
西宮南內多秋草，落葉滿階紅不掃。……

忽聞海上有仙山，山在虛無縹緲間。
樓閣玲瓏五雲起，其中綽約多仙子。
中有一人似太真，雪膚花貌參差是。……

玉容寂寞淚闌干，梨花一枝春帶雨。
含情凝睇謝君王，一別音容兩渺茫。
昭陽殿裡恩愛絕，蓬萊宮中日月長。……

七月七日長生殿，夜半無人私語時。

在天願作比翼鳥，在地願為蓮理枝。
天長地久有時盡，此恨綿綿無絕期。

這是一首根據「安史之亂」的歷史事件，詩人有感於唐玄宗與楊貴妃的愛情悲劇傳說而寫。固然一開始就指出「漢皇重色思傾國」是錯誤的，是造成「長恨」悲劇的根源。不過，作者更對男女主角生死不渝，堅貞不二的愛情，是同情、歌頌的。因此全詩在這方面，「傾注了更深的感情，描寫細緻，感人至深」。尤其「在處死楊貴妃後，唐玄宗痛不欲生，作品細緻描寫了唐玄宗的寂寞悲傷、追懷憶舊、睹物思人的深情。最後又以浪漫主義的手法寫楊貴妃在仙宮殷勤迎接漢家的使者，托物寄詞，申誓陳情，含情綿綿，情意無限」。「寫得纏綿悱惻，使人迴腸蕩氣」（註四）。也正因為作者在寫此詩時，傾注了更深的愛的感情，所以才能寫出以上所節錄的，具有強烈藝術感染力的優秀詩句。

三、致海倫　美·愛倫·坡

海倫，在我眼裡，你的美
宛然從前尼斯的小船，
在芳香馥鬱的大海裡，
那疲憊困頓的漂泊者慢慢

划向他故鄉的海岸。

習慣於久久漂泊在神秘莫測的海上，
你風信子般的秀髮，你古典美的面龐，
你女神的儀態讓我領會了
希臘的光榮，
羅馬的輝煌。

瞧，在那燦燦的窗邊神龕裡
你亭亭玉立何其像尊雕像，
瑪瑙的燈提在手上！
啊，蒲賽克，來自
聖地之邦！（李長山註譯）

（註譯：一，女神，希臘神話中保護河流的仙女，二，蒲賽克“Psyche——又譯賽姬”。三，聖地，指基督耶穌的誕生地）。

據說這首詩，是因「詩人曾見到他一位狡友的母親——簡，S 斯太納德夫人，不禁為她的美麗所攝服。於是靈感萌動，思接千里，瑰麗浪漫的幻想、意象聯翩而至。詩人不能自己，眼前馬上浮現出希臘絕代美人海倫的形象：這位天神仙女的丰姿，歷歷在目」（註五）。所以，發現美，追求美，往往是詩創作的原動力。

四、因爲我愛你

保加利亞·奧瓦迪亞

因為我愛你，
所以你才如此美麗，
別人也用讚歎的目光
看著你。
因為我愛你，
所以你才青春不去，
眼角沒有皺紋，
額頭沒有白髮一縷。
因為我愛你，
所以你才如此美麗！
但是切莫趾高氣揚，

也不要施展詭計！
如果我的愛情消逝，
如果我的心不再看得起你，
轉瞬你就變得衰老不堪！
變得醜陋無比！

這首詩不僅有意味，也帶點哲理。「美的主觀性和愛的創造性。美因愛而生，愛創造了美」。事實上，「一切美的事物只有在被愛、被肯定時才是有價值和有意義的。無人愛之美因為無從體現其價值和意義，我們甚至很難承認其存在」。「只有真正認識到一切美好的讚揚無不來自那個珍貴的『愛』，方不至陷入盲目的自得和陶醉」。因此，「愛，也只有真正懂得其意義，並真正被珍惜的時候，才能持久和魅力不衰」（註六）。所以愛和美，實有其互動關係，愛常因美而生，美常因愛而成。

總之，賽姬（Psyche）一詞，雖在希臘神話裡已被人格化而成愛與美的化身，不過我認為，若將其視為人之善的本性，似乎更具意義和價值。人有愛的本性，也有美的饑渴。當然，有愛就有恨的相對存在，有美就有醜的主觀差別。這愛恨美醜的基本人性，常在冥冥中主宰著我們的生命，亦即那主宰我們生命的，就是愛與美的化身——賽姬（Psyche）。

詩的創作，主要是萌於「情」之抒發。人之情雖有喜怒哀樂之區分，但喜與樂可歸入「愛」的範圍。怒與哀可屬性於「恨」的方面。所以愛與恨實為人性之基本。同時，人性對美的饑渴之滿足，常隨主觀之愛惡而有不同之評價或取捨。故愛與美的關係，有因美而生愛者，亦有因愛而成美者。故詩的創作，不僅在滿足美的饑渴，更應歌頌愛的精神。同時美的陳現，常因醜的陪襯而更顯著，因此美的追求，亦不能忽略醜的存在，若要達到藝術的最高境界，更要有化醜為美的技巧。

二〇〇三，九，二九。

附註

註一：美的探索——希臘神話縮影。（葉航著）。
註二：語意學——我們的內在活動。（謝康基著）。
註三：唐詩三百首譯析。（李星、李淼譯註）。
註四：同註三。
註五：世界詩歌鑑賞大典——致海倫。（李長山註）。
註六：同註五——因爲我愛你。（辜正坤主編）。

一九、文學的貴族

——為《秋水》三十週年而寫

主編涂靜怡小姐，在《詩人的畫像》一書裡說：本人於一九九四年，之所以重拾詩筆，寫下〈墓碑的容顏〉寄給《秋水》，主要是因《秋水》的「明朗、平實、健康、唯美的詩風」，深深打動了我「本來就喜愛新詩的心靈」。再加上投緣，後來就成為本社同仁之一（註一）。的確，《秋水》所主張的詩風，是我加入本社的根本原因。

最近，我讀到一本以「文學的貴族」為副標的《詩論》，書中說：「詩確實是文學中的『貴族』，因為詩有語言的特權」，可將「語言獨特的變形」使用。如「把名詞當動詞用，把形容詞當名詞用等」（註二），還「可以上下古今、時空變換、語言跳接、夸飾」（註三）。尤其抒情詩的創作，更是「不受時空所限，它可以把過去的事拿到眼前來，讓時間錯置，把空間位移。情思在意緒中滾動，故能呼風喚雨，即情揮灑」（註四）。這些都是散文、小說、戲劇所不能擁有的語言特權。而在本書中，還以我們最熟悉的四首傳統詩為例，來加以剖析：

一、易水送別 駱賓王

此地別燕丹，壯士髮沖冠。
昔時人已歿，今日水猶寒。

在這首詩中，「所表現的時間，空間，過去，現在。眼前的實景，記憶的故事，送別和感懷」（註五）。這些注入了濃濃感情的，時間錯置、空間位移的詩句，已完全融合成一體「想像的感觸」之美。

二、夜思（靜夜思） 李　白

窗前明月光，疑是地上霜。
舉頭望明月，低頭思故鄉。

這首詩「清新樸素，明白如話。它的內容是簡單的，但同時卻又是豐富的，它是容易理解的，卻又是體味不盡的」（註六）。其中「前三句寫當前，最後一句，把空間析射到心靈活動的故鄉」，形成了一種「折射的感思」之美（註七）。

三、秋歌（秋浦歌第十五首） 李　白

白髮三千丈，離愁是個長。

不知明鏡裡，何處得秋霜。

這首詩以「白髮三千丈」的夸飾，來形容抽象的「離愁」。以「秋霜」一樣的白髮，來「構成人生入『秋』的意象」。不僅有比喻之美，也有象徵之美，更是一種「創造的感傷」之美（註八）。

四、題都城南莊　崔　護

去年今日此門中，人面桃花相映紅。
人面不知何處去，桃花依舊笑春風。

這首詩將「去年、今日、人面、桃花……等」，「很具體的語言」配合個人感受，便成了「最富感情的語言」，「這是在聯想的想像中抒感」。「不僅讓人悅耳悅目，給人心中的喜悅，還在意象世界裡，展現著一片夢境美」。更可稱其為「聯想的感覺」之美（註九）。

以上四首抒情詩，都是詩的語言特權之運用，和詩人的感情相結合，因而分別產生了「想像的感觸」之美、「折射的感思」之美，「創造的感傷」之美，和「聯想的感覺」之美。而使它們四者，都成了千古傳誦的名詩。同時我們也可看出，它們有一個共同點，那就是每首詩所使用的語言，都是在我們生活經驗中，平常所熟悉的名詞、動詞、形容詞等，只是在組合時，經過變形的運用而已。它們都是明朗的，沒有難懂的地方。都是平實的，能給人以虛擬的真實感。都是健康的，毫無語言的毛病。因此皆能自然產生各有特色的「藝術美」。這正和《秋水》所主張的詩風不謀而合。所以《秋水》努力的方向，正是「文學的貴族」之路，我們應多加珍惜。今後更應把握中國語言文字的特點，將其變形美化，為中國新詩開創一條長遠的大道。

總之，「當我們理會到要追求美」，「我們就步上『文學的貴族』之路，去探幽尋賞美吧！」（註一〇）。

二〇〇三，一二，二五，深夜。

附註

註一：詩人的畫像——愛在黃昏。（涂靜怡著）

註二：詩論——日常用語的變形。（左海倫著）

註三：同註二——詩、文餘言。

註四：同註二——《長恨歌》的文學類型。

註五：同註四。

註六：中國文學總新賞——唐詩新賞：李白。（張淑瓊主編）。

註七：同註四。

註八：同註四。

註九：同註四。

註一〇：同註二——前言。

二〇、談情說理話詩藝

詩的創作，不外詩人的感性和理性，通過美感經驗之表達。雖然就詩的內容來說，有記敘詩、抒情詩、說理詩、酬答詩和行吟詩等不同之分法，但其源頭，不外詩人的感性和理性。若發於感性之詩作，可歸入抒情系列。若發於理性之詩篇，可歸入說理範圍。因此，我們也可將詩分為抒情、說理，和情理融合三大類。

由於詩的表現，是透過美感經驗來完成。而美感是藝術的，經驗則各有不同，故詩的表現藝術，亦隨美感經驗不同而有不同的作品。假定同樣寫月夜，參與者所成詩句必各有千秋。例如：

一、月夜舟中

戴復古

滿船明月浸虛空，綠水無痕夜氣沖；
詩思浮沉檣影裡，夢魂搖曳櫓聲中。
星辰冷落碧潭水，鴻雁悲鳴紅蓼風；

數點漁燈依古岸，斷橋垂露滴梧桐。

二、月夜　德·艾興多夫

青天好像靜靜地
吻過大地，
她現在花容燦爛，
夢沉沉地懷思。

微風吹過原野，
麥穗溫柔的波動，
森林輕輕地低語，
明星佈滿了夜空。

我的心靈廣闊地
舒展開它的羽翼，
飛過靜靜的原野，
彷彿向家園飛馳。（錢春綺譯）

這兩首詩都在寫月夜，由於審美經驗的取捨不同，第一首是在寫作者月夜宿於舟中的所見所感。從失眠於「詩思浮沉檣影裡，夢魂搖曳櫓聲中」之情，到「數點漁燈依古岸，斷橋垂露滴梧桐」之景，可謂景中見情，情中透出月夜的寂靜。第二首詩，則是在運用月夜裡景與情之描寫，來表現詩人所追求的完美理想——家園。從景的方面來說，第一節取景的方向，是「始於天堂而終止於大地之上」。但「在第三節中則恰恰相反」，是「由大地指向天空」去追求理想的家園。其第二節乃在表現前兩者的「相逢」，「天空與大地的相逢，好似情人的相互擁抱」。「這首詩表現了詩人對完美世界的憧憬。它結構獨特、想像豐富，不愧為德國浪漫主義大家之作」（註一）

單就抒情詩來說，首先應知情為何物？簡單說，情即感情。感情是對一定客體有感而發，但並不反映該客體的特性本身，而與我們對其態度有關。故同一客體，可引起態度不同者的不同感情。感情的表現、有喜怒哀樂之分，有熱情、愛情，和感傷之別。而抒情詩，即在抒發詩人的各種感情。根據已有詩的抒情範圍來看，有懷古詩、羈旅詩、懷人詩、閨情詩、諷刺詩及悼亡詩等。同樣，由於作者的美感經驗不同，對抒情詩的創作，各有巧妙。例如：

一、黃鶴樓　崔顥

昔人已乘黃鶴去，此地空餘黃鶴樓。
黃鶴一去不復返，白雲千載空悠悠。
晴川歷歷漢陽樹，芳草萋萋鸚鵡洲。
日暮鄉關何處是，煙波江上使人愁。

二、悄聲細語，羞澀的呼吸　俄·費特

悄聲細語，羞澀的呼吸，
　夜鶯的啼鳴，
朦朦朧朧的小溪
　波光粼粼，
夜的光，夜的陰影
　無窮無盡，
神奇地變幻不定的
　可愛的面龐，
煙雲彌漫，玫瑰紅艷艷，

琥珀的光華，
又是熱吻，又是淚痕，
晨曦，啊，晨曦！（心　聲譯）

這兩首皆屬抒情詩，第一首《黃鶴樓》，是「以黃鶴樓的美好傳說入詩」。前四句說「神奇美麗的黃鶴已經飛去，而且再不回來。此地只空餘一樓，只能見白雲悠悠」。這不能不令人「慨嘆古今變化」，「引起作者無限清思，使作者生出無限惆悵」。後四句寫登樓所見之景，如「漢陽樹」、「鸚鵡洲」，「江上煙波等寥闊空曠的景色寄寓遊子思鄉的愁情，這種感情和登臨覽勝所生惆悵之情結合，更增加詩的感情深度。全詩熔神話與現實於一爐，古今、虛實、遠近、情景巧妙結合，前後呼應，融為一體，創造了蒼茫壯闊的意境，從而產生了強烈的藝術感染力，成為千古名篇」（註二）。

第二首《悄聲細語，羞澀的呼吸》，是「俄國抒情詩的珍品之一」。「詩人沒有用一個動詞，而用一系列名詞寫出了內容豐富的畫面」。「全詩洋溢著朦朧的意境，然而詩中的一切卻又十分具體」。在這首詩中，費特不用言辭，而用悄聲細語、夜鶯的啼鳴、流水、波光、陰影和晨曦來描寫人的愛情，愛情就像夜的聲音那樣的唯妙，難以捉摸，又像月光那樣明白。這首詩既寫實，又寫意，既寫景，又寫情」

（註三），實為愛情詩的傑作。

再就說理詩來看，所謂「理」，包括物理、人理、事理等一切宇宙人生的各種道理。而所謂說理詩，凡是說理、論學、論政、論人生、禪理、文學批評等均屬之。不過詩的說理，不同於散文或論文，其理是融入形象之中，而以比喻、象徵等藝術的技巧來表現的。例如：

一、泛舟 朱　熹

昨夜江邊春水生，艨艟巨艦一毛輕；
向來枉費推移力，此日中流自在行。

二、善良的正義 法·艾呂雅

這是人類熱烈的規律：
用葡萄，他們製造酒，
用煤炭，他們製造火，
用親吻，他們製造人。

這是人類嚴峻的規律：
不顧戰爭和苦難，

不顧致命的危險，
生命反正要保全。

這是人類甜蜜的規律：
使水轉變為光明，
使夢轉變為現實，
使敵人轉變為兄弟。

這條規律既古老又新鮮，
從赤子之心的深處，
一直到理智的頂點，
規律越發展越完善。（羅大岡譯）

這兩首詩都是說理詩，但不是抽象的論述，而是以具體形象之運用，來展現抽象的理。第一首《泛舟》，是「以舟比人，水喻理，泛舟則是指人生。人生中，只要理足了，人便能無往而不達也。若理不足，縱使有最好的條件，仍是寸步難行。全詩有鼓勵人學會以理行事的意思」（註四）。

第二首《善良的正義》，是將富有哲理的人類道德，以「深情和象徵寓意的藝術方式」，來指出人類的希望。透露這是人類必須遵守的「規律」。因為「人類要生活、要自衛、要創造」，就必須伸張這個「正義」，以追求那「熱烈的」、「嚴峻的」、「甜蜜的」人類理想。因此這首詩，是「詩人熟練地將哲學觀用藝術語言暗示出來，從而在一首抒情短詩中增添了哲理詩的魅力」（註五）。

其實，抒情與說理，在詩人的創作中，往往是二者融合在一起的藝術表現；具象中有抽象，抽象中有具象。即使一首完全的抒情詩，也可在其濃情中體現出蜜意的道理。即使一首純粹的說理詩，也可從其蜜意的內容中，展示出濃情的形式美。故其主要關鍵，在如何以藝術的技巧，來運用其所採用的材料，以產生詩的藝術魅力。例如：

落葉　法·馬　萊

從一棵凝固的樹上
飛起一片葉子
在群葉的
命運的
唯一力量支配下

落下來

啊，鞭答著我的風啊

請不要離開我

讓我還能相信

通過你的手

我走向了死亡（葛　雷譯）

這首詩是抒情的，也是說理的。因為這首詩，「名為寫落葉實為寫人生」。人生就如落葉，「在不可抗拒的命運力量的支配下飄零時，具有一種超強的清醒感」。而「落葉是被寒風吹落的，可落葉還眷戀它，不忍和它分手，其目的只在於認識和感謝它給自己死亡。沉鬱的悲哀感和悲劇感使人如臨深秋的寒風一樣，感到淒涼」（註六）。這不僅是抒情的，也是說理的；不僅是說理的，也是抒情的。而其更重要者，不管抒情或說理，都必須善用詩的藝術手法，才能完成一首具有藝術魅力的創作。

二〇〇四，三，二三。

附註

註一：世界詩歌鑑賞大典——月夜。（溫仁百解析）

註二：唐詩三百首譯析——黃鶴樓。（李星李淼譯註）

註三：同註一——悄聲細語，羞澀的呼吸。（傅品思解析）

註四：千家詩——泛舟。（楊家豪註譯）

註五：同註一——善良的正義。（王　光解析）

註六：同註一——落葉。（葛　雷解析）

二一、巧思妙語談情趣

一首好詩，必須能給人以美感。若是再加上趣味，富有「情趣」之美，就更能感人、動人，而令人讀之回味無窮，或可傳之久遠。

何謂趣味？分開來解釋：「趣」是興趣，乃「喜好的情緒」；「味」即意味，乃「含蓄的意思」。「從美學的角度看，『趣味』又是一個特別的審美概念。中國古代美學中，有所謂『滋味說』與『興趣說』，滋味說是對詩歌的形象性要求」。「目的在於創造感人、鮮明的藝術形象」。而「興趣說，是突出藝術審美特質的詩論」；「興」是因「心與物會而起」之「靈感」、「妙悟」。而「趣」呢？主要是由情而生之「情趣」。亦即「興趣是詩人以心接物，由興而得的情趣」。是「從審美主觀到審美客觀的互相聯結與作用的闡發」（註一）。

趣味有多種，除了「情趣」外，還「包括古趣、異趣、雅趣、諧趣、奇趣、妙趣，乃至情愛之趣、哲理之趣、詭辨之趣」及「文字之趣」等。「古今很多文化中的文物和作品，可以說皆有其趣味的一面，只看你如何解讀詮釋而已」（註二）。就詩的趣味來說，應屬「情趣」。因為專以詩來說，「情是作品的靈魂，趣則是通過一定的藝術手法表現出來，兩者是辯證統一的」（註三）。若再就詩的「味」來說，「內容方面有情味、意味，形式方面有興味、韻味」（註四），一首詩必須要具備這些「味」，才值得讀者慢慢品嘗。

詩是詩人的思想感情，透過藝術語言的一種美的表現。以「情趣」角度來看，勿論思想、感情或語言，都必須要有趣味性。因此詩若要能產生情趣效果，就必須：「一要有趣味思想，二要有真切感情，三要有『三美』條件」。而「三美」，即魯迅所說：藝術的語言，要能「意美以感心」、「音美以感耳」、「形美以感目」（註五）。

從詩的內容與形式來說，如何表現思想感情，是詩的內容之構思。語言三美的要求，是詩的形式藝術化。詩若要飽含情趣，就必須作到：構思要「巧」，語言要「妙」。所以要創作一首富於情趣的詩，可從「內容的巧思」，和「藝術的妙語」入手。

一，內容的巧思：巧思的目標，在構成有趣的思想。什麼是有趣的思想？簡單說，就是新鮮、奇特、見解超過一般想法，同時也是詩人感情的流露。大約分四類：

第一類，化舊為新的巧思：「根據『相似論』原理，『新』總是在『舊』中孕育的」，新舊往往是同體的。「任何新的事物、新的思想，都是從新舊同體中發展變異的。新奇的思想，對舊的事物、舊的思想來說，一定是舊中見新的」（註六）。舊的思想一經化新，即有新的情趣。例如：

一、湖北的民歌

頭髮梳得光，臉上搽得香，
只因不勞動，人人說她髒。

從一般舊的觀念來說，頭不梳、臉不洗才是髒的、醜的。但在這首民歌中，「頭髮梳得光，臉上搽得香」，應該是美的，乾淨的。為什麼反而「人人說她髒」呢？「只因不勞動」的化舊為新的巧思，立刻就將美變成醜了。

二、時光脫下了它的舊袍子　法・奧爾良

時光脫下了它的舊袍子
——風袍子，冰袍子，雨袍子，
可是又穿上了一件新袍子
——用鮮艷明媚的春陽繡成的新袍子。

野獸柔柔地叫，
鳥兒嬌嬌地啼，
時光脫下了它的舊袍子。

河流、清泉和小溪，
都打扮得格外美麗：
那銀色的水滴是它們的首飾，
那碧綠的漣漪是它們的新衣。
時光脫下了它的舊袍子。（葛雷譯）

這首詩是以具體的形象，來將時光化舊為新。分別以袍子的新舊，來象徵春天和冬天完全不同的景色。是一首「讚美春天的詩，情趣別致，風格獨特」。「全詩語言精煉，旋律簡明優美」（註七）。

第二類，倒裝取勁的巧思：這屬逆向思維，打破一般思想模式，特意顛倒，或顛倒交錯，「使平板的言辭，去熟生新，既增強語勢，又變化常序」（註八），而產生各種情趣。以顛倒交錯來說，有「對象倒錯」、「條件倒錯」、「因果倒錯」、「言辭倒錯」等（註九）。現以言辭倒錯為例：

罰翰林去當通判　乾隆

翁仲如何是仲翁？十年窗下少夫功！
從今不用為林翰，罰汝江南作判通！

這首詩是「乾隆遊江南，翰林曾琦侍從。見墳前石人（翁仲），問曾：此是何物？曾對曰『仲翁』。帝怒其誤，將罰曾去當某地的通判」而作（註一〇）。詩中特意將「功夫」顛倒為「夫功」、將「翰林」顛倒為「林翰」、將「通判」顛倒為「判通」，而增強了這首詩的情趣。

第三類，聯想組合的巧思：即對趣味思想的獲得，可以「通過聯想作出選擇，以想像進行組合」。所謂聯想，「是由一事物想到另一事物的心理過程」。而「想像，是對記憶表象進行重新組合，創造新形象的心理過程」。這兩者，都是追求趣味思想所不可缺少的心路歷程。其組合方式有四種：一，聯想組合。二，選擇組合。三，想像組合。四，雙項組合。雙項組合即在前三者中，「選擇其中任何兩項所進行的組合」（註一一）。例如：

采石磯詩　朱元璋

采石磯兮一秤砣，長虹作杆又如何？
天邊彎月是掛鉤，稱我江山有幾多。

這首詩是朱元璋當皇帝後，一次微服出巡，在金陵郊外一渡口等船時，遇上一群參加進士考試的舉子，其中一位年輕者，見那「偌大的采石磯屹立於岸」有感，而脫口吟道：「采石磯兮一稱砣」，口氣很大立獲稱讚。但可惜無法後續，正不知如何是好。此時朱元璋見狀大笑，隨口續上其後三句，完成了這首佳作。

這首詩不僅有誇張，也有聯想，更是豐富的想像組合。「而且妙語迭出，情趣盈天」（註一二）。

第四類，創新出色的巧思：這是一種創造性的思維，目的在發揮靈感作用以創新，來「一洗恒俗的藻飾，造成一種清新的境界與美感」。其創新的極致，還在求「出人意外，入人意中」。「當然，『體物』能入妙、『擬人』能入妙、以致『疊字』、『重出』等能入妙，都是創新」（註一三），所以創新出色的巧思有多種。現舉一例：

給 英·雪萊

溫柔的歌聲已消逝，
樂音仍在記憶裡縈迴；
紫羅蘭花雖然枯死，
意識中尚存留著芳菲。

玫瑰花朵一朝謝去，
落莫堆成戀人的床幃；
你去後懷念你的思緒，
該是愛情在上面安睡。（江楓譯）

這首詩雖然充滿了感傷，但卻有獨創的巧思。第一節以「芬芳的紫羅蘭對應柔美的歌聲：餘音繚繞對應餘音縈迴。『溫柔』與『芳菲』製造了一種又濃又美又安逸的氣氛」。第二節寫出，玫瑰花一朝謝去，所留下的只有「落莫堆成戀人的床幃」，用「你去後懷念你的思緒，該是愛情在上面安睡」，更是獨創的巧思，雖「著墨無多」，卻「意味無窮」（註一四）。

二，藝術的妙語：詩的語言，不僅要藝術化，也要趣味化。而藝術在表現「美」，趣味則在講求「妙」。所以要創作一首富於情趣的詩，既要使用美的語言，也要採用妙的語言。妙語如珠，類別很多。現分四類來談：

第一類，一聽就笑的妙語：「用趣味觀來看待人生，看待世事，看待一切——包括人生一世的生、老、病、死，都無不是可笑的」。笑的語言，「也是用以表意的」，或對自己表示「滿意」，或對別人表示「善意」（註一五）。因此有人說：

「笑是美的姐妹，笑是善的良友，笑是愛的伴侶；笑有笑的哲學，笑有笑的文學，笑有笑的教育學」（註一六）。笑的語言有各種：被露式、批判式、意外式、語助式（註一七）。總之，凡能引發笑的語言，都有趣味性。有的看是平常話，卻是真正有趣的妙語。例如：

精子詩　李敖

顯微鏡裡看精子，千萬小我在一起。
搖頭擺尾胡亂擠，他們每個都姓李。（註一八）

這首詩的語言用得很妙，「搖頭擺尾胡亂擠」，把顯微鏡裡所看到的精子，形容得十分有趣。尤其「千萬小我在一起」，「他們每個都姓李」，更是「妙」極了。

第二類，曲析含蓄的妙語：「趣味語言往往不是直陳、直白的，而是曲折、含蓄的」。但此曲折的「曲」，是指言的「曲」，「指『言』與『意』的關係的曲」。言與意的關係，有「言在表而意在裡」，「言在此而意在彼」，「話中有話，弦外有音」三種（註一九）。至於「含蓄」，「就是不把意思明白說出，而暗含在所寫的形象裡，留給讀者自己去思考」（註二〇）。例如：

一、覽鏡詞　毛奇齡

漸覺鉛華盡，誰憐憔悴新，
與余同下淚，只有鏡中人！

這首詩明明是寫我在獨自流淚，但不直陳，故意轉個彎，「偏說有人與我一同下淚，但與我一同下淚的只有鏡中的人兒，原來仍然是獨自落淚罷了。文句一曲折，意趣橫生」（註二一）。

二、請把我帶走　比利時・米肖

請把我帶到一隻快帆船裡，
帶到那古老而溫存的快帆船裡，
帶到船柱裡，如果你願意，帶到浪花裡，
請把我遺失在遠方，遺失在遠方。

請把我帶到另一個年齡的拉套裡，
帶到瑞雪的迷人的氈絨裡，
帶到幾隻集偎在一起的狗的氣息裡，
帶到疲憊不堪的落葉群裡。

請把我帶到親吻中——不要把我粉碎，
帶到在網球地毯上起伏著，
呼吸著的胸脯和微笑裡，
帶到長骨頭的骨腔和關節裡。

請把我帶去，或者最好葬入土地。（葛雷譯）

這首詩是含蓄的，「詩中的我究竟是個什麼東西，容易引起人們的深思。它可能是一種力量，也可能是一種意識，也可能是一種思維的觸角」。「這個我是無處不在，無孔不入，無堅不摧的」。不可否認，這個「我」具有「一種驚人的力量和堅韌的精神，它除了供讀者欣賞外，還可給讀者一種鼓舞和補償」（註二二）。正因為這首詩的語言，是曲折的在表現那個「我」無處不在，但又含蓄的不直陳那個「我」是什麼，因此有了曲折含蓄之妙。

第三類，形神畢肖的妙語：詩是一種語言的造形藝術，詩人的思想和感情，必須藉其所造之形象來表現。有其形必有其神，神形合一是這造形藝術的基本。進一步更不可少的，那就是造什麼要像什麼；形要很像，神要逼真，亦即「形神畢肖」（註二三）。這「肖」是趣味語言的特點，能運用此語言特點，勿論是「繪形」、

「傳神」或「寫真」，都將可產生一定的藝術效果。例如：

訣別詩　金聖嘆

蒼天為我報丁憂，萬里江山盡白頭。
明日太陽來吊孝，家家户户淚珠流。

金聖嘆「原名張采，明末長洲人。明朝被滅之後，拒絕當官」。清朝順治年間，「因不滿吳知縣迫害讀書人，夥同蘇州諸生，聚集在文廟哭泣抗議」，因而被判死刑。臨刑前，正當他「情不自禁地吁嘆連連，這時突然降下白雪。於是，感慨萬千」而口占此詩（註二四）。

這首詩的語言，可說已將金聖嘆的人格，及刑前的「形神」完全表現了出來。最妙的是利用當時下雪的場景，不僅以妙語寫出了悲情，更寫出了獨特的情趣。

第四類，生動有力的妙語：「巧用辭格，是趣味語言的重要特色和技巧」。「所以語言的情趣，總是同辭格的巧用聯在一起的」。而「以表達生動有力為主的修辭方式」，可以包括許多辭格，如各種妙喻、誇張，妙語雙關，含蓄委婉等（註二五）。試舉例如下：

一、皇覺寺壁詩　朱元璋

殺盡江南百萬兵，腰間寶劍血光腥；

山僧不識英雄主，只管嘵嘵問姓名。

這是朱元璋十七歲，在皇覺寺當和尚時所題的壁詩（註二六）。這首詩十分狂傲，「殺盡江南百萬兵」、「山僧不識英雄主」，以當時他當小和尚的身份來說，這首詩所使用的語言，顯然屬誇張修辭。不僅詩中已表現他年少即「胸懷大志」，且其用語更是生動有力。

二、新娘洞房詩　張英女兒

百歲良緣在此宵，諸君何用苦相撓，
盈盈織女河邊立，早放牛郎渡鵲橋。

這首詩是說，新娘「在結婚的晚上，被鬧洞房的吵得沒完沒了，大家一定要新娘當場做一首詩才肯罷休」，於是新娘當場吟出此詩。這首詩「把七夕的典故，活用到洞房之夜」（註二七）。「盈盈織女河邊立，早放牛郎渡鵲橋」的妙語，不僅富於詩的情趣，而且形象十分生動。

總結來說，詩的情趣在「巧」和「妙」。能從「巧」與「妙」的內容和形式中，品嘗出既美又有趣味來，應是讀者樂於接受的。本來一切藝術創作，都是以「巧」和「妙」的表現為主要原則。凡具有「巧」和「妙」的作品，不論音樂或繪畫，無不是因此而流傳久遠。詩，是語言的造形藝術，當然，「巧思」和「妙語」所育成的情趣，自亦非常重要。

二〇〇四，五，二九。

附註

註一：趣味語言妙用──辨識瑰寶。（楊志歧著）
註二：趣味文學（精華本）──自序。（楊仲揆編著）
註三：語言藝術妙趣百題──情趣。（彭華生著）
註四：同註三──通感（五）。
註五：同註一──衡量標尺。
註六：同註一──趣味思想。
註七：世界詩歌鑑賞大典──時光脫下了它的舊袍子。（范德玉解析）
註八：字句鍛鍊法（新增訂本）──倒裝。（黃永武著）
註九：同註一──倒錯。
註一〇：同註二──詩詞類。
註一一：同註一──趣味思想。

註一二：同註一——生動有力。
註一三：同註八——以創新出色。
註一四：同註七——《給》詩解析。（章漢孫）
註一五：同註一——一切可笑、一聽就笑。
註一六：同註一——笑語，說笑類。（高士其所說）
註一七：同註一——一聽就笑。
註一八：情趣飄飄詩詞曲——怪傑李敖的趣味詩。（曾春著）
註一九：同註一——以曲爲美。
註二〇：同註三——含蓄(1)。
註二一：同註八——曲折。
註二二：同註七——《請把我帶走》解析。（葛雷）
註二三：同註一——形神畢肖。
註二四：同註一八——金聖嘆的訣別詩。
註二五：同註一——巧辭。
註二六：同註一八——皇覺寺壁詩鬼神愁。
註二七：同註八——用典。

二二、有限與無限

詩是一種語言藝術，「凡為藝術必具有象徵的意味。音樂以其節奏和旋律象徵了情感的波動。繪畫以其線條和色彩象徵了智慧的明澈」（註一）。而詩則是透過語言符號的藝術運用，對客觀事物的描述來象徵作者的主觀意識。因此凡藝術，「就其本質而論便是一種象徵」（註二）。亦即象徵，「不僅為任何詩派共有的本質，且為文學、藝術共有的本質。凡文學、藝術表現出了作者的主觀精神，必有象徵的本質存在」（註三）。

何謂象徵?象徵有廣義與狹義之分。廣義的象徵，「是指象徵（Symbol）的本義而言」。狹義的象徵，則是指十九世紀末，法國詩壇上所產生的「象徵主義（Symbolism）」。前者「具有普遍性，而無特殊性」。後者則是「把象徵的本義在技巧上予以特殊化了，失去了文學、藝術，甚至其他詩派的共通性，產生了特殊性」（註四）。

法國的象徵派在本質上有兩種傾向：一，有懷疑、苦悶的頹廢傾向。二，逃避現實，有沉醉於幽玄朦朧的神秘傾向。其詩的表現方法有四點特徵：一，創立不定形的自由詩。二，強調音樂性，重視節奏和旋律，以表現幽玄的情調。三，採用音和色的感覺交錯。四，以謎樣的暗示技巧，來表現神秘幽玄的境界。（註五）例如：

歎　　法·馬拉梅

我的靈魂飛向你的梅額，那裡是夢境，
那裡是撒著雀斑的秋光，嫻靜的姐兒啊，
我的靈魂向著你仙人般眼睛中遊動的晴空，
升起來，宛若憂鬱的花園中
那束忠實潔白的水流向著太空歎息！
——向著蒼白，純淨的十月裡惻隱的太空，
太空把無限的頹唐映入池塘
讓黃昏的秋陽拖著一縷尾光挨過
死寂的水面，那裡落葉的萎黃隨風悠遊，
划出一道冰冷的犁蒲。（葛　雷譯）

馬拉梅是法國象徵派一位主要詩人，他認為「詩即謎語」。「不願將詩中的真意顯示給讀者，故神秘的予以隱藏」（註六）。這首詩將「詩人的一生偏愛落日、秋色和嫵媚的女性」三者，「以細膩的手法精巧地編織到一句搖曳生姿的、舒緩迂徐的優美詩句之中，使這三種美在一種哀傷、溫馨、纏綿的情致中煥發出迷人的光彩和幻景」。實為「象徵派詩歌中的一件精品」（註七）。

至於廣義的象徵，乃指「象徵」一詞的本義。就其本義而言，簡單說，象徵就是「用借題於此，寄意在彼」（註八）的「形象修辭」法。亦即「託義於物」，就是作者把「主觀的意識」，託附於「客觀事物上」，讀者「要經由客觀事物的描述，透過『由此及彼』的『聯想』，去意會作者的主觀意涵。而客觀事物與主觀意念，不存在直接的相似、相聯的關係」（註九）。故任何事物，作者都可自由選擇，來象徵其主觀的意念。因此象徵的語言，往往是一個平常日用的語詞，經過作者藝術的運用，便使其除原義外，又增加了象徵義。例如喜鵲和烏鴉，原義都是鳥名，但分別增加其象徵義後，前者象徵吉祥，後者便象徵厄運了。

象徵的天地，廣闊、深遠，只要詩人展開想像的翅膀，便可任意飛翔，根據自己的喜好和需要，自由地選擇、運用。所以象徵「是藝術上的一種富有深切意味的表現」。更可觸及具有深長意味的內在」（註十）。故其表現的形式雖然有限，而其內在的意味則無窮。所以「象徵，就是有限形式對於無限內容的直觀顯示」（註十一）。一首善於運用象徵性語言的詩，「不僅外延的輻射強度比較大，內在向心力也比較強，像一塊蛋白石慢慢地轉動著，能夠從不同角度放射出不同的色彩，而它本身又那樣凝縮、堅固，富於質感」（註十二）。

其實，「象徵」一詞，雖來自西方的「象徵主義」，但在中國文學中，很早就已運用了。「歷來所用的名義，有『譬喻』、『諷刺』、『用典』、『寄託』、『言外之意』、『弦外之音』等說法」（註十三），這些都有象徵的意味。謝康基教授在其所著《語意學》中，以「象徵與引喻」為題，舉了許多例子，來證明「古典的或創新的象徵語言，亦即引喻」。因其「妙在辭簡意達，引發回味反思，即使俚俗的也不失其風趣」（註十四）。覃子豪老師，在其《比興與象徵》一文裡，指出「中國詩中的比興和西洋文藝中的象徵，雖名稱不同，其本質則一」。因為「比是為求詩的形象化，與是詩的言外之意」（註十五）。並例舉《詩經——魏風》裡一首詩：

碩鼠（第一段） 作者不詳，袁愈荌譯詩

碩鼠碩鼠（老田鼠呀老田鼠，）
無食我黍（別老偷吃我的黍！）
三歲貫女（三年養活慣了你，）

莫我肯顧（可從不把我照顧！）
逝將去女（我已決心離開你，）
適彼樂土（去到安靜那樂土。）
樂土樂土（樂土樂土真快樂，）
爰得我所（那才是我安身處！）

碩鼠，是指「庶民把統治階級喻為偷糧老鼠，並發誓要到無剝削的樂土去」（註十六）。「這首詩的本意是在諷刺重斂。碩鼠是比，重斂是義。碩鼠是詩的形象，而重斂是其言外之意」。「這是比興，亦是象徵」（註十七）。

廣義的象徵，有各種不同分類法；有的分成部件性象徵與整體性象徵。有的分成明徵與暗徵。有的分成隱喻性象徵與暗示性象徵。有的分成普遍的象徵與特定的象徵。有的分成習慣性象徵與特殊性象徵。這些都是各以不同的觀點所命名（註十八）。若再以用來「象徵的事物」看，則有「固定性的象徵事物」與「修辭性的事物象徵」之分。前者用以象徵的事物，「是有固定意義的，不是任何人可以自由改變的，像紅色象徵喜慶，藍色象徵溫馨，綠色象徵生命、和平」等。「它們的象徵意義，是早已『約定俗成』的了，並且通常是一個詞或句子來呈現」。後者則是「作者可能自由運用，可以選取某種事物，賦予它任何意義，以寄託他所要暗示的主觀思想」（註十九）。

詩的創作，首在「作者善於藉事物來象徵寄意，造出扣人心弦的幽思，這才是真正象徵修辭的運用目的」（註二〇）。象徵修辭的運用，不外自由選擇和靈感啓示。自由選擇必須由聯想提供資料，由想像善用資料。而靈感啓示，往往是由於聯想的想像，在情感激盪時，突然「靈光一閃」，那美的詩句就出現了。例如：

題那城南莊　崔　護

去年今日此門中，人面桃花相映紅。

人面不知何處去？桃花依舊笑春風！

在海倫教授研究認為，這首詩的創作，純係作者在聯想的想像時，「詩思鬱勃，情感奔騰」，「靈光一閃」便想到了「人面桃花」之美。因此他說：「靈光一閃，萬古不磨」，「能及時捕捉，短暫可化為永恒的頃刻入詩」（註二一）。這「靈性的頃刻」，應該就是靈感的啓示吧！

象徵修辭所使用的語言，是「情感的語言」，「即文學的語言，或詩的語言」（註二二）。象徵富含蓄力和暗示性。有模糊的朦朧美，更有雋永持久的情趣性。「一切象徵都具有模糊性」，「只有模糊，才能既保全感官直覺，又保全精神理想」（註二三）。也「正由於它語義模糊，才得以使我們的想像自由地飛翔」（註二四）。只有情趣，才能雋永持久，令人百讀不厭。象徵語言的運用，同時也要注意「語境」，即「語言環境」的創造，來配合「象徵客體」以暗示其作者主觀的「象徵義」。「語境有狹義與廣義之分」，前者即「語言內境」，「是由語言本身內部諸要素相互制約、結合形成」。即其「上下文，前言後語之間的制約關係。後者即「語言外境」，屬「語言交際的社會環境」（註二五）。根據以上所言，現試舉數例：

一、**漫興**　杜　甫

腸斷春江欲盡頭，杖藜徐步立芳洲；
顛狂柳絮隨風舞，輕薄桃花逐水流。

二、**花影**　蘇　軾

重重疊疊上瑤臺，幾度呼童掃不開；
剛被太陽收拾去，卻教明月送將來。

三、**空谷睡者**　法·蘭　波

這是一個綠色的山穴，
歡唱的小河把銀色的襤褸掛在草尖，
陽光在傲岸的山頭閃爍，

這是一個泛著青苔的空谷。

一位年輕的士兵，張著嘴，光著頭，
脖頸沐浴在藍色薺草的新綠之中，
他躺在草叢中披著赤裸的長天，
在陽光垂淚的綠色大床上，面色蒼白地睡去。

他雙腳伸進葛蘭花中，睡去了。
微笑得像個患病的嬌童，他感到了寒冷，
於是大自然用溫暖的懷抱搖著他。

芳香不能再使他的鼻孔抖動，
他安詳地睡在陽光下，用手捂著心窩，
右肋上有兩個紅色的彈洞。（葛　雷譯）

以上三首詩，第一首《漫興》，從表面看來，像是一首暮春將盡的傷感詩。「但細讀之下，則發現語出雙關」，所謂「柳絮」與「桃花」，其實是在象徵世人。

故「顛狂柳絮隨風舞，輕薄桃花逐水流」；柳絮被形容「顛狂」，桃花被形容「輕薄」，很顯然意在「諷刺那些處事沒有原則，見風轉舵及爭名附權貴的世人」（註二六）。所以是一首象徵修辭的諷刺詩。

第二首《花影》，也並不是意在寫花的影子。作者主要目的在運用「重重疊疊」的花影，來象徵當朝的眾多奸臣。有感於他們操控政治，借花影來作詩嘲諷。用「花影重疊，映於瑤台之上，以比小人在高位也。掃不開，言雖有直人，攻之不去也。太陽落則花影全無，猶神宗在位時，而熙豐小人俱貶謫也。明月升而花影復來，言宣仁崩而小人復夤緣以進也」（註二七）。整首詩雖然只有二十八個字，勿論是「象徵客體」（花影）的選擇，「語言環境」的配合，都恰到好處，而成功地暗示了作者所需要的「象徵義」，所以是一首很有美感的好詩。

第三首《空谷睡者》，是一首反對戰爭的詩，但全篇沒有一個戰爭的字眼。「詩中既沒有對戰爭義正詞嚴的譴責，也沒有雄辯滔滔的慷慨陳詞」。只有「在綠色、藍色、黃色的渲染中，襯托出兩個紅色的彈洞」。這兩個彈洞可以說，就是戰爭與戰爭有關的一切的象徵，飽含著無限的意涵。再「從大的氛圍上看，整個山谷一片寧靜，人也捂著傷口睡去了（其實是死了）。但「那些大自然的景觀中的萬物卻在生機勃勃地動著。這正是對給人類帶來的災難的戰爭一種無聲的然而又是憤怒的譴責，同時也帶給人一種對戰爭痛定思痛的深刻反思」（註二八）。這首詩選擇「彈洞」來象徵戰爭及對戰爭的無言譴責，加上「語境」所創造的氛圍恰到好處，所以能成為一首名詩。

象徵的天地，廣闊而深遠。象徵的語言，可從「易懂」到「難懂」。象徵雖有廣義與狹義之分，但因此而成之各有特色的詩，我認為其中最值得探討的，是所謂「難懂的詩」。因為有些號稱「現代詩」，似乎受了馬拉梅「詩即謎語」的影響，讓讀者在讀其作品時，像猜謎語一樣。甚至有的將創作的真意變成「密碼」，若要解碼只有作者本人。其實勿論是「謎語」或「密碼」，目的不外在製造「奧秘」的效果。本來「奧秘是屬於詩共有的東西，象徵主義、立體主義、達達主義、超現實主義的詩，均有其奧秘的特質存在」。而「詩的奧秘，是詩的內容本身所具有的，非由於表現技巧上的曖昧」（註二九）。但很不幸，有些現代的詩，的確是在故弄玄虛，玩技巧上的「曖昧」。

所謂「難懂的詩」，多是「作者將其真義隱藏在詩中，其表現手法是間接而非直接，以象徵、比喻、暗示、聯想來構成詩的造型」。一件「表現完美的作品，必會給讀者一條到達頂點，或進入堂奧的通路」。即使為了「更為精鍊」而在表現手法上，「將詩質壓縮」，將內容與文字「省略」，其間也必暗藏一條或數條相互關聯的「虛線」。所以「難懂的詩不一定不好」（註三〇）。問題是否有給讀者進入堂奧的「通路」或「虛線」。或者根本就是在故弄玄虛，玩技巧上的「曖昧」。

二〇〇四，九，二三。

附註

註一：論現代詩——象徵。（覃子豪著）
註二：藝術創造工程——象徵的天地。（余秋雨著）
註三：同註一——象徵派與現代主義。
註四：同註三。
註五：同註三。
註六：同註一——論難懂的詩。
註七：世界詩歌鑑賞大典——對《歎》的解析。（葛雷）
註八：詩論（文學的貴族）——詩的演化。（左海倫著）
註九：實用修辭學——象徵。（黃麗貞著）
註一〇：同註一。

註一一：同註二。
註一二：詩的技巧——象徵性。（謝文利、曹長青著）
註一三：同註九。
註一四：語意學——象徵與引喻。（謝康基著）
註一五：同註一——比興與象徵。
註一六：詩經——碩鼠。（唐莫堯註譯）
註一七：同註一五。
註一八：參考註二及註九。
註一九：同註九。
註二〇：同註九。
註二一：同註八——談人面桃花。
註二二：同註一四。
註二三：同註二。
註二四：語文應用漫談——模糊一點也好。（韓敬華作）
註二五：語言藝術妙趣百題——語境。（彭華生著）
註二六：千家詩——漫興註譯。（楊家豪）

註二七：千家詩——花影註譯。（楊家豪）

註二八：同註七——對《空谷睡者》解析。（葛雷）

註二九：同註一——奧秘。

註三〇：同註六。

二三、美的思維綻開美的花朵

詩屬於藝術，是「用語言塑造形象以反映社會生活和表達作者思想感情的藝術」（註一）。在語言運用方面，詩可說是「語言藝術的驕子」（註二）。而藝術的價值，乃「在它能於自然美之外，創造出一個意象的美，給予人類心靈上以某種藉慰，及彌補自然之不足」（註三）。換句話說，詩的藝術，除了能表達作者的思想情感外，還要「含有審美價值」，能「給予接觸者以審美的感受」（註四），將所表現的思想感情予以美化；能化「真」為美，化「善」為美，使真、善、美融為一體，讓詩的意象、意境達到最高境界，而擁有永恒不朽的藝術生命。

然而，一首詩的創作，不是一蹴可幾，也不是隨便能成，「詩的誕生決定於逐漸在詩人心中滋生孵化而成的詩意，而詩意則由詩的語言助之以音樂效果的文字處理表達出來」。而且「詩的語言是那種強而有力，善於表現的語言，足以把現實世界與理想世界貫穿起來，以致於使普通瑣碎細事達到淨化與啓蒙的新境界」（註五）。所以一首詩的創作，必然要先經過詩人的藝術思維，也就是美的思維。要有美的思維，才能綻開出美的花朵。

藝術思維包括三種：形象思維、抽象思維和靈感思維。所謂思維，是人的大腦，對「刺激物」進行一系列分析綜合的過程。而「刺激物」有兩類，一是親眼所見、親耳所聞的「現實事物」，一是替代具體事物的「語言文字」。尤其中國的語文，是一套「音義結合的符號系統」，是「信號的信號」。語言有許多功能，如交往功能、傳遞信息功能，而思維功能就是其中之一。尤其人類的思維，「是一種高級的神經活動，是人腦反映客觀世界的運動及其過程，是一種依靠語言或其他形式，對客觀事物進行認識的獨特、複雜的運動形式」。「語言對思維而言，是一種重要依據，換句話說，思維是靠語言在腦中成形的」（註六）。現在分別來談藝術思維：

一，形象思維：詩和其他藝術一樣，形象思維是其主要思維方式。在創作時必須思考，如何運用語言來塑造意象，美化意境，才能使一首詩有聲、有色、有情、有義。而形象思維的特點：第一，在思維過程，始終不能離開感性形象。第二，在思維過程，必須運用想像、情感等多種心理功能，尤其想像和聯想，更是其主要活動方式。第三，其思維應從整體上去把握事物，通過事物的整體形象，以掌握其內在的本質和規律。所以創作一首詩的思維方式，主要是形象思維，它離不開「生動的想像和豐富的情感」，且「想像是核心，情感是動力」。尤其必須以「整體性」為思維的基點，根據「整體性」的需要，來決定意象的取捨，意境的表現。如此才能讓一首詩，成為「真正完美的作品」（註七）。同時也不可忽略，詩的創作雖以形象思維為主，但也離不開抽象思維與靈感思維。現以兩首形象思維所成的詩為例：

一、金縷衣　杜秋娘

勸君莫惜金縷衣，勸君惜取少年時。
花開堪折直須折，莫待無花空折枝。

二、卡秋莎　蘇聯·伊薩科夫斯基

蘋果花和梨花已經開放，
河上的薄霧輕輕地盪漾，
在高而峻峭的河岸上，
走來了卡秋莎姑娘。

她走著，唱出優美的歌聲，
歌唱草原藍色的雄鷹，
歌唱她熱愛著的人，

她正珍藏著他的來信。

你呵，姑娘的歌聲，
跟隨著灼爍的太陽飛翔，
把卡秋莎的致敬，
帶給戰士，在遙遠的邊疆。

讓他記起這樸素的姑娘，
聽一聽她怎樣歌唱。
讓他保衛著祖國的邊疆，
卡秋莎把愛情永遠保藏。

蘋果花和梨花已經開放，
河上的薄霧輕輕地盪漾，
在高而峻峭的河岸上，
走來了卡秋莎姑娘。（藍曼譯）

以上兩首詩，第一首《金縷衣》，據說是杜秋娘唱的曲子。其內容很顯然有兩個美的意象，一是「金縷衣」，一是「花開堪折直須折」的「花」。前者是豪華富貴的形象化。後者是將人的青春時光予以具體美化。從整體來看，這兩個美的形象，都在配合詩的主題而將其化為適當的「意象」，來勸人要珍惜自己的青春年華，趁年少時努力奮鬥；「花開堪折直須折，莫待無花空折枝」。

第二首《卡秋莎》，是一首被譜成歌曲的詩，「曾風靡全世界」，「它不僅超越了時代界限，也超越了國界，成為舉世共賞的藝術之花」。從整體來看，它的成功在於「將人類兩種最普遍、最美好的感情——愛情與愛國之情溶於一爐，而將戀人之間的忠誠統一在雙雙忠於祖國的渾厚基礎上」。同時又「在形象、風格、語言諸方面創造性地運用俄羅斯民族、民間詩歌傳統中的樸實性和通俗性，加之樂曲與詩高度諧和，因而把俄羅斯少年那純真、崇高的深情傳達得親切而動人心弦」（註八）。所以這首詩塑造的意象，表現的意境，不僅美而動人，並且恰到好處。

二，抽象思維：本來抽象思維「主要應用於哲學、社會科學、自然科學等領域，側重於理論與邏輯推理」。不過，「在藝術構思與創造的過程中，諸如作品體裁的選擇，主題的提煉、結構的安排、表現手法的選擇等等，或多或少都離不開抽象的思維活動」。而「文學作品需要通過語言來描述形象，更需準確地掌握概念的內涵和外延」。尤其所謂「玄言詩」、「哲理詩」等，更是「明顯體現出抽象思維的作用」（註九）。例如：

一、觀書有感 朱　熹

半畝方塘一鑑開，天光雲影共徘徊；
問渠那得清如許？為有源頭活水來。

二、格言詩 阿富汗·胡什哈爾

生前品德高尚的人，
死後被人們深深懷念；
那些沒有善行的人，
只好生前死後兩茫然。

即使是敵人來求和，
也應該不記前嫌；
寬宥勝於報復，
仁慈能以德報怨。

喋喋不休的誓言，
想必是欺人之談。
講真話何須指天劃地；
誓言本身就是說謊的破綻。

目無尊長的年輕人，
處處被人瞧不起。
勸君要及早改正，
以免未來後悔莫及。（董振邦譯）

這兩首詩，第一首《觀書有感》。完全是一首談義理的詩，從整體看，全篇都在進行邏輯推理。不過前兩句「半畝方塘一鑑開，天光雲影共徘徊」。是形象思維的表現。後兩句「問渠那得清如許？為有源頭活水來」。則在講說道理，是抽象思維的主導。第二首《格言詩》共四段：第一段是講「有無善行為人生標準」。第二段是以「對人寬宥」為主題。第三段講「誠實」。第四段講年輕人要有「尊長」的美德。從頭到尾都是以說明的方式來表達，以顯示其「理智美」，而無形象的表現。所以完全是來自於抽象思維。

三，靈感思維：「靈感思維是一切創造性思維的共有現象，它不光在藝術創作領域裡存在；在自然科學研究、邏輯推理思維中也存在，如在科學史上有許多偉大的科學發明，都得力於靈感突發」（註十）。而所謂靈感思維，「是指在創造活動中，人的大腦皮質高度興奮時的一種特殊的心理狀態和思維形式，它是在一定的抽象思維或形象思維的基礎上，突如其來地產生出新概念或新意義的頓悟式思維形式」。它有「突發性、偶然性和稍縱即逝等特點」（註十一）。不過這些特點，不是靠運氣隨便能產生，而是在「一定的抽象思維或形象思維」過程中的「頓悟」。因此，「靈感往往是在有意追求的過程中無意所獲；也就是說，作者只有有意的追求，不斷積累生活素材，認真思索，內心真正充實了，才可能與外界事物發生更多的觸發感之機會」（註十二），而迎得頓悟的到來。例如：

送孟浩然之廣陵 李　白

故人西辭黃鶴樓，煙花三月下揚州。
孤帆遠影碧空盡，惟見長江天際流。

這首詩意象鮮明，意境溫馨，充分表現了作者與朋友離別的依依不捨之情。據說這首詩是李白在黃鶴樓送走孟浩然後，「戀戀不捨地回到客舍，偶覺靈感襲來，於是寫成了這首流傳千古的七絕」。因為他倆分別前，已「在江夏相會，一見如故」。有一個月的「促膝談心」，有一個月的「情感交流」（註十三），也許正因如此，一旦分別「觸景生情」，而有靈感的突然出現。

總之，詩屬藝術，「在藝術創作活動中，形象思維與抽象思維、靈感思維構成了十分複雜的辯證關係，它們彼此滲透、相互影響，共同構成了藝術思維。藝術思維中，形象思維是主體，但抽象思維和靈感思維也在積極發揮作用」（註十四）。而藝術思維的價值，不僅在要求表現詩人的感情和思想，更在要求其思想感情，能化為美的意象和意境。所以詩的美是來自藝術的美的思維；有美的思維，才能綻開出美的花朵。

二〇〇四，一二，二〇。

附註

註一：藝術學概論──語言藝術。（彭吉象著）

註二：藝術概論──抒情藝術。（歐陽中石、鄭曉華、駱江編著）

註三：藝術的興味──藝術的玄機。（吳道文著）

註四：藝術概論──藝術的意義。（陳瓊花著）

註五：美的探討——詩。（葉航著）

註六：創意與非創意表達——語言功能。（盧國屛著）

註七：同註一——藝術創作心理。

註八：世界詩歌鑑賞大典——卡秋莎。（傅品思解析）

註九：同註七。

註一〇：同註二——藝術靈感。

註一一：同註七。

註一二：語言藝術妙趣百題——靈感（二）。（彭華生著）

註一三：同註十二。

註一四：同註七。

二四、發酵的語言

詩是運用語言符號，來表現詩人的情感和意念，不僅要表現其真情善意，更要能表現出語言的藝術美，以發揮那真善美融為一體的，動人的不朽價值。因此「詩是語言的藝術；詩的表現，要藉語言為其媒介。表現是否完美，完全在於語言的運用是否成功」（註一）。亦即詩的藝術，「是語言文字的靈活運用，意象的適度安排表現，情感的自然灌注，境界的提昇與淨化等。所以一首有藝術價值的詩，其一字一句，必蘊含著以上的諸種特點」（註二）。

同時，詩「與現實經驗關係密切，直接受其影響，因為作為媒介的語言是在同樣的社會及文化背景上才被人使用而帶入通行的管道，所以始能為大眾所了解」（註三）。換句話說，詩的語言，實來自我們的日常用語，只不過是在運用上較為靈活而有藝術性。因此又有一說：「詩語的特異處，往往是日常用語的變形。詩本身，就像舞蹈，它可以有不合邏輯的動向，我們不知其下一步的動律。」（註四）。因此根據以上所言，詩的語言，是藝術的語言，也是日常用語的變形。在此，我們先舉一例：

江雪　柳宗元

千山鳥飛絕，萬徑人蹤滅。
孤舟簑笠翁，獨釣寒江雪。

這首詩雖然只有短短二十個字，但從其中「絕」、「滅」、「孤」、「獨」非常生動的運用，不能不使人聯想到詩中的「簑笠翁」，有「寥寒、孤獨、幽峭、岑寂的特質」（註五）。換句話說，後者是由「絕、滅、孤、獨」之「發酵」，所「聯想」而來。尤其詩中，「只用一個有形象的單音名詞『雪』字」，就「集中表現了全詩的孤、寒、絕、滅、獨，等等」無形而抽象的「情態」。更由此「雪」字的發酵，而使我們想像到：「老翁一人活在大自然的雪天裡，對抗冷酷的自然界，這種存在，看來很荒謬，實則是獨一無二的境界。他展示的孤高，是一種情勢中與眾不同的生活。極能引人低迴深思」。「這首詩以『雪』來結束，是字質贍富的顯例。語雖盡而意不盡，意盡而情不盡」（註六）。

又據說這首詩，「係詩人貶為永州司馬時所作，顯然是把自己比作『獨釣寒江雪』的漁翁，表現他雖因參加革新運動而遭受迫害，處於孤立，但仍然無所畏懼，不向反動勢力屈服的鬥爭精神。詩中也流露出詩人孤芳自賞的寂寞心情」（註七）。

以上不同的聯想與想像，都是來自這首詩短短二十個字的發酵。實際這二十個字，也是我們日常用語中常見的語詞，經過藝術的妙用發酵而成。所以詩的語言，可說就是發酵的語言。

所謂「發酵」，就是運用「酵母」來釀造酒類或製造麵包等食物。如葡萄汁經過發酵後而生「葡萄酒酵母」，便可釀造出各種葡萄美酒。而詩的語言，亦如葡萄酒酵母，須經過藝術發酵，才能創作葡萄美酒般的詩篇。它不僅給人美感，更可使人陶醉。在陶醉中想入非非，情感奔放，思想自由，而閃耀著多彩多姿的聯想與想像之美。

當然，發酵的「酵母」種類很多，以酒和食品來說，除葡萄酒酵母外，還有啤酒酵母、清酒酵母、麵包酵母等。同理，在我們日常用語中，每個字或詞，經過藝術發酵後，任何語言，都可能成為詩的發酵語言。不過亦如「酵母」，有好有壞、有美有醜，有適合不適合。例如病原性囊球菌酵母，顯然對人體就有害而不適合。因此在選擇和運用詩的發酵語言時，必須根據情境的需要，選擇和運用其能恰到好處，且具有美感經驗者，至少應考慮以下四點：

第一，精確：精確是所有文學作品的基本要求，而對詩更嚴格。所謂「精」是

「精緻」，「確」是「準確」。精緻不僅要求剔除所用語言的雜質和糟粕，以求其字質的精粹，同時也要如琢磨過的羊脂玉，有「琢磨之工所產生的精緻感」（註八）。準確就是所運用的語言要恰到好處，亦即「恰如其分地表達客觀事物，表達思想感情」。「準確是語言藝術最首要的要求」，因為「有了準確的用詞之後，才能談得上巧妙地運用詞語」。「語言要準確，必須很好地辨析和使用同義詞、近義詞，要注意抓住這類詞的細微差別」（註九）。所以詩的語言要精確，一方面須「去蕪存菁」，有時「主詞、連接詞、介詞就不得不省略或捨棄」（註一〇）。另一方面要準確無差，必須經過辨析、選擇、琢磨、推敲，然後所產生的語言，才有穩固的基礎；有穩固的基礎，才能充分發酵。例如：

一、易水送別　駱賓王

此地別燕丹，壯士髮衝冠；
昔時人已沒，今日水猶寒。

二、風暴　俄國・普希金

你可看過岩石上的少女，
穿著衣裙，立於波濤上，
當海水在混亂的幽暗裡，

和岩石嬉戲，猖狂地轟響，
當雷電以它紫紅的光輝，
不斷閃出它的形象，
而海風在衝擊和飛舞，
揚起了它的輕飄的雲裳？
美麗的是幽暗的狂暴的海，
閃耀的天空沒一塊蔚藍，
但相信吧，岩石上的少女，
比波浪，天空，風暴都更美麗。（查良錚譯）

以上第一首《易水送別》，據說是作者「借用燕太子丹令荊軻刺秦王的典故，闡明當時徐敬業派遣刺客謀刺武則天，為壯士送別的心情與氣氛，反映出壯士的悲情」（註一一）。這首詩短小精緻，用語準確。全詩無一廢字，送別的主角——壯士，一詞雙關，既指昔時的荊軻，也影射當下作者所送行的刺客。由其短短二十個字，可發酵出以下的聯想和想像之美：「這首詩，所表現的時間、空間、過去，現在。眼前的實景，記憶的故事，送別和感懷，一個勁兒把昔時和當下，意識交互流動，情思汩汩浮沉，完完全全交融在一起了」（註一二）。一句「壯士髮衝冠」，把壯士的憤怒形象活化。「昔時人已沒，今日水猶寒」，更提升了這首抒情詩的意境。

以上第二首《風暴》，像「是一幅瑰麗神奇的油畫」，「一位穿白衣裳的美麗少女高踞在波濤之中的岩石之上，使這幅畫顯得俏麗而有生氣，特別迷人」。由此更顯出：「大自然粗獷的陽剛之美，與少女纖巧的陰柔之美互為映襯，相得益彰，構成了一種濃鬱的詩的意境」（註一三）。

由於這陽剛之美與陰柔之美「相得益彰」，準確地表現了一幅「詩情畫意」的精緻之美。隨著這美的發酵作用，使人不能不對少女有許多聯想：「她是在生活的激流中嚐夠了苦水，要向大海傾吐滿腹的幽怨？她是在赴情人的約會嗎？她在想念和盼望遠域的親人嗎？是她生性剛毅，堅強，從來就愛領略這大自然雄渾的景象？還是……」（註一四）。

第二，生動：生動的語言，來自情感的真摯與智慧的運用。不僅有聲有色，更有愛、恨、生或死之表現，散發出愛的芳芬、恨的情緒、生的歡樂、死的悲哀。不僅有鮮明的色彩，更有生命律動的節奏。有視覺美、聽覺美、觸覺美，或味覺美。凡生動的語言，都具有高度的表現力，和強烈的感染力，千變萬化，無窮無盡，多飽含著詩人豐富的想像和強烈的感情。現試舉二例以代表：

一、題都城南莊　崔　護

去年今日此門中，人面桃花相映紅。
人面不知何處去？桃花依舊笑春風！

二、愛情　蘇聯·阿赫瑪托娃

時而像一條蜷曲的青蛇，
在深邃的心底興妖作怪；
時而像一隻調皮的白鴿，
整日在窗台上咕咕叫喚。

它在晶瑩的霜花中閃爍，
它帶來紫羅蘭般的夢幻，
每逢歡樂和靜謐的時刻，
它準會悄兒沒聲地趕來。

聽著小提琴哀怨的祈禱，
它嚎啕痛哭，卻十分甘甜；

透過那暫時陌生的微笑，
會莫明其妙地將它看見。（寧　思譯）

這兩首詩，第一首《題都城南莊》，可說「字字都從肺腑流出，勢如行雲流水，不但生動自然，亦極富於浪漫情調」。這是「自然真摯的情感使語言文字具體化，使該詩所喚起的情緒效果達到了高峰狀態」（註一五）。尤其「人面桃花相映紅」，與「桃花依舊笑春風」，其中「人面桃花」四字，更「具有文學用語的語言特徵」。一個「笑」字，就將桃花在春風裡的舞姿，不僅具象化了，而且也美化了。這首詩的內容，「有人的懷念與想望所激盪成的熱情。有人與物（女郎與桃花）的情緒聯結。有體物入微的詩情畫意，把詩人自己的生命，浸沉於對象的生命之中。在此等情況下，要求沒有強烈的情緒量化作用，似乎是不可能的。要求沒有浪漫詩人的詩思，也是不可能的」（註一六）。可見其語言的發酵力之強，是很顯然。所以崔護只有這一首詩，就能名傳千古。

至於第二首《愛情》，作者「把愛情喻作『青蛇』在『興妖作怪』，不禁使人產生一種畏懼的情感，令人感到愛是怨、是愁、是『心底』的隱痛，使人品味出愛的苦澀；而把愛情比作『白鴿』在『咕咕叫喚』，又令人聯想到晴朗的碧空翺翔著一隻純潔的白鴿，明媚的陽光、鮮艷的色彩、廣袤的藍天，這就是愛的底色，愛的胸懷」，是幸福、溫暖、甘甜。「而那『霜花』所具有的『紫羅蘭般的夢幻』既有虛無的幻滅，又有真實的情感，使人感到愛猶如一枝變幻莫測的魔環」（一七）。這首詩能將愛情本身，發酵出以上種種聯想和想像，來具體表現出愛情的苦澀、甜美和變幻，不僅語言生動，而且意象鮮活。

第三，新奇：人類生活隨著時代進步，不斷在改進和創新。而「語言是人類生存的影子，是印證人生生活狀態的唯一伴侶」。「我們必須要盡最大的努力去維持其永遠新鮮的功能，以使人類生存得到永不衰退的豐盛與壯大」（註一八）。因此詩的語言，要永遠維持其「新鮮」，永遠隨著時代進步而「發酵」，就「必須由詩人從生活中去攝取」，從「現代多方面的智識裡去尋覓不常用的新的字彙，加以揉合、鍛鍊、蒸溜和創造」（註一九），才能達到詩的語言要求。現在，我們已進入後現代社會的「探索時代」，「尋求前所未有之經驗」，特別是「新奇的美感經驗」，更是「很多人的生活目標」（註二〇）。所以詩的語言，要能隨著時代的進步而創新，隨著生活的改進而發酵，就必須追求「新奇」。

所謂「新奇」，即「新鮮奇特」。「新」不同於「舊」。「奇」有別於「常」。不過，「新」往往是來自「舊」的孕育。「奇」往往是出於「常」的變異。有時將話語翻倒過來說，也頓覺新奇。而超群出眾，獨到的見解和語言，又更是新奇了。所以新奇實來自詩人不斷地探索和創新。「創新是使用人人熟悉的材料，以表達出人人所未識的境界，然後能使人人樂於接受」。故「創新」不要忽略「普及」，要讓人便於接受。因為「普及，是向下紮根；創新，是開花結果。根不穩健，花果何來？」（註二一）。可見新奇的作品，不應是難懂而無法普及的作品。試舉例如下：

一、寫梅　童　華

左圈右圈圈不了，不知圈了圈多少。
如今跳出圈圈外，未被圈圈圈到老。

二、異域香　法國·波德萊爾

當我閉上雙眼，在暖秋的晚上，
聞著你那溫暖的乳房香氣，
我就看到幸福的海岸浮起，
那兒閃耀著單調的太陽光芒。
悠閑的海島，獲得自然的恩賞，
長滿奇異的樹木，美味的果實；

婦女的眼睛天真得令人驚異，
男子們身體瘦長而精力很旺。

你的香氣領我到迷人的地方，
見一座海港，佈滿船帆和帆檣，
還露出受海浪顛簸後的餘慵，

而那綠油油的羅望子的清香，
在大氣中盪漾，塞滿我的鼻孔，
在我心中混進水手們的歌唱。（錢春綺譯）

這兩首詩，第一首《寫梅》，作者童華是「清山陰人，號二樹」。「善於詩畫，尤以畫梅飲譽於時，所以有『二樹梅』的雅號」。曾因當官時「中流言蜚語」，一再「被劾奏遭到貶謫」，不久就被「罷官，歸鄉隱居」（註二二）。本詩為其歸鄉後所作，「巧妙地運用了畫梅時，畫家常用的筆法，來作為譬喻。他既以圈子描述罷官去職後的沒落心情，同時藉由寫梅筆法畫圈這一動作，隱涉官場組黨分派，相結傾軋的醜態，不難看出『圈』字外的寓意何在」（註二三）。此詩用畫梅筆法所畫出的一個個「圈」，來象徵作者過去在「圈內」的環境，也抒發現在自己跳出「圈外」後的心情。不僅顯示出巧妙的藝術發酵，也給人以「新奇」的美感經驗。

至於第二首《異域香》，據說是波德萊爾「為其情人，黑人混血兒讓·迪瓦爾寫的」。「詩人從情人黝黑乳房上所散發出來的香氣，想到了香氣四溢，陽光醉人的熱帶景色——他想像中的天空，理想的國土。在那兒，遍地是奇異的樹木，美味的果實；陽光下，海島寧靜和諧。這香氣還使他感受到了在船上旅行時，海浪顛簸後的倦怠，聞到了果實的香氣，聽到了水手們的歌聲」。這「異域風光」是一個象徵，它「代表著未知的領域，是作者所追求的，同罪惡的城市生活對立的理想國土」（註二四）。作者能在情人的懷中，從那乳房所散發出的香氣，就在腦中發酵成一個理想的國土，想像的天堂。也可說，情人的懷裡，真是令人陶醉的天堂。由此可見，波德萊爾的詩，是多麼「意象新奇大膽，意境幽深，富於感染力」（註二五）。

第四，情趣：「情趣是構成藝術作品的重要手段之一，是產生獨特魅力的重要因素。情是作品的靈魂，趣則通過一定的藝術手法表現出來，兩者是辯證統一的」（註二六）。尤其是詩，更不用說，因為「詩在本質上，不含任何實用性，而給予的是一種特別的趣味性。詩若缺少情趣，便失去動人的魅力」（註二七）。

單從一個「趣」字來看，又有「風趣」、「機趣」之說。所謂「風趣」，「不等同於滑稽、粗俗，也不是嘩眾取寵，它還要求莊重、文雅」。而要達到以上標準，除詩人有語言藝術的修養外，「還必須立足於生活，善於捕捉生活中富於情趣意思的東西」（註二八）。所謂「機趣」，「是指詩人匠心獨運，構思精妙，從高遠的智慧與技巧中見其情趣」（註二九）。因此無論「風趣」或「機趣」，都不外是「情趣」的藝術運用。一首詩要有情趣，才能值得讀者慢慢咀嚼，品出詩味。「詩味」是什麼？就是詩的「趣味」。「在內容方面有情味、意味，形式方面有興味、韻味」（註三〇）。亦即詩的語言，也就是趣味的語言。凡能「表達獨到見解、真摯情懷、生動形象和感人畫面的語言，都是趣味語言」（註三一）。同時，詩不僅要有「趣」，也要能滿足美感經驗的要求。所以一首具有情趣或詩味而又美的作品，必須有「情」有「形」；有「意美以感心」、「音美以感耳」、「形美以感目」（註三二）。現試舉例如後：

一、戲作 陶鼎尼

嘹亮歌聲合玉簫，纖纖楊柳小蠻腰；
可人最是秋波轉，一轉魂為上九霄。

二、小女兒畫像 義大利·薩巴

我那小小的女孩，

手拿小球，身穿夏服，
大眼睛像天空那樣湛藍，
有一天對我說：「爸爸，
今天我想跟你出去玩玩。」
於是我陷入沉思：
她模樣兒那麼可愛，
誰見了都會讚歎，
我要把我的小女孩，
好好比擬一番，
真的，她像泡沫，
像海浪上泛起的白色泡沫，
也像屋頂上冒出隨風飄盪的一縷縷青煙，
又像一朵朵雲兒，
不可捉摸的雲兒，
它們在晴空中一會聚集，一會兒飛散，
也像其他輕盈而飄忽不定的一切。（錢鴻嘉譯）

以上第一首《戲作》，是我找遍手中現有資料，發現了這首最適合，所以決定採用。這首詩是著《文學趣談》一書的陶鼎尼老師所作，據他自稱：由於老師們都說他以往所寫的詩，屬於嚴肅而無輕鬆一面。因此「有一次太空劇團來校表演」，他便把握機會「戲作」了這首七絕」（註三三）。從詩的內容來看，是在表現一位歌星的動人之美。其詩的本義，不過是指歌星的腰細如楊柳，歌聲好像如玉簫，尤其她的眼睛放電能使人神魂顛倒，這些都屬常用對美女的讚美之詞，並無新鮮。不過這些慣用的意象，經作者巧妙而藝術的發酵後，就變得活潑有趣。如「嘹亮歌聲合玉簫」、「纖纖楊柳小蠻腰」、最迷人就是她「秋波」一轉，就能使人「魂上九宵」！這些修辭不僅極富情趣，而其中小蠻腰的「蠻」字，還略帶浪漫調皮的味道。

以上第二首《小女兒畫像》，是作者獻給他女兒的一首小詩。「它以精緻短巧的結構，優雅清麗的語言，新穎離奇的比喻散發出獨特的藝術魅力」。「詩的前半部份以寫實的方法，逼真地將一位小女孩活潑、天真、可愛的神態在寥寥數筆中描畫了出來」。接著「由實入虛，在沉思中展開了想像，接連使用了兩個喻象，以『海浪上泛起的白色泡沫』，『屋頂上冒出隨風飄盪的一縷縷青煙』來比擬女兒的輕盈、飄忽」。再以「一朵朵雲兒」的發酵，來描繪「女兒那無拘無束，天真爛漫的性格」。最後，以一句「也像其他輕盈而飄忽不定的一切」，來比擬自己的女兒是多麼乖巧。（註三四）。由於這首詩，充分表現了父親對小女兒的慈愛；父親看女兒，不僅有「情」，也有「趣」。所以整首詩，都是一些富有情趣，能讓人感動的句子。

詩的語言，是藝術的語言，也是能發酵的語言。它「可以不受時間所限，它可以把過去的事拿到眼前來，讓時間錯置，把空間移位」。故「可以上下古今，時空變換，語言跳脫、夸飾，從最經濟的字和辭，表現最大的效果，也留給讀者較多的想像」（註三五）。亦即詩的語言運用，「有極大的伸縮性和延展性，以精煉文字表現的各個意象之間，有大量的可供讀者聯想和想像的空白」（註三六）。這「空白」，就正是特意留給詩語言發酵的空間。

詩的語言，更要含有高度潛力，「可以涵蓋任何觀念、意象、官能反應、情緒、幻想，浪漫的反省，心靈最神秘的深處」。同時還要，「具有穿透事物的可見表面再伸入真理的不可見深度的魅力」（註三七）。

詩的表現技巧，「用詞不可太『文』，太冷僻，也不必太『俗』，太土，要恰到好處」。能「做到既通俗易懂又形象生動」，且「能表達真摯細膩的情感」（註三八）。「在朗誦時順口流暢，欣賞時悅耳動聽，要有抑揚頓挫，起伏迭宕的韻律美和流暢四環的音樂感」（註三九）。

以上各點，都是詩的語言發酵之不可不注意者。尤其精確、生動、新奇、情趣，更是詩的表現能否成功的主要關鍵。

二〇〇五年三月二十一日

附註

註一：論現代詩——語言。（覃子豪著）
註二：美學與文學新論——詩的藝術說。（金劍著）
註三：美的探索——詩。（葉航著）
註四：詩論——日常用語的變形。（左海倫著）
註五：同註四——字質的精粹。
註六：同註五。
註七：唐詩三百首譯析——江雪簡析。（李星、李淼譯注）。
註八：漢寶德談美——精緻是古典美的要旨。（漢寶德著）。
註九：語言藝術妙趣百題——準確。（彭華生著）
註一〇：同註四。
註一一：千家詩——易水送別賞析。（楊家豪註譯）

註一二：同註四——長恨歌的文學類型。
註一三：世界詩歌鑑賞大典——風暴。（傅品思賞析）
註一四：同註一三。
註一五：同註四——談「人面桃花」。
註一六：同註一五。
註一七：同註一三——愛情。（王守仁等賞析）
註一八：同註三——語言。
註一九：同註一——語言。
註二〇：同註八——奇與美。
註二一：音樂人生——普及與創新。（黃友棣著）
註二二：奇文妙字說不完——疊字重詞詩。（江澄格編著）
註二三：同註二二。
註二四：同註一三——異域香。（溫永紅賞析）
註二五：同註二四。
註二六：同註九——情趣。
註二七：同註四——什麼是詩。

註二八：同註九——風趣。

註二九：同註九——機趣。

註三〇：同註九——通感(5)。

註三一：趣味語言妙用——衡量標尺。（楊志岐著）

註三二：同註三一。

註三三：文學趣談——戲作。（陶鼎尼著）

註三四：同註一三——小女兒畫像。（劍釗賞析）

註三五：同註四——長恨歌的文學類型。詩、文餘言。

註三六：詩美學——語言的煉金術。（李元洛著）

註三七：同註三——詩。

註三八：同註九——通俗(1)(2)。

註三九：詩的技巧——音樂美。（謝文利、曹長青著）

二五、詩的生命觀

古羅馬詩人賀拉斯（Quintus Horatius Flaccus, 65-8 B. C.）認為：詩的標準是統一、樸素、適當、完善，力求內容與形式的統一，把人所盡知的事物寫成新穎的詩歌，使平凡的事物提升到輝煌的頂峰」（註一）。而「內容與形式的統一」，是一首詩的整體要求。所謂「內容」，包括詩的主題和題材等要素。是客觀事物融入詩人主觀的情思，亦即詩的內容，是來自主客觀統一的具體事象。所謂「形式」，「主要是指結構、藝術語言、藝術手法、類型體裁等，它是作品內容的存在方式」（註二）。

一首詩要具有藝術美，「應是形式美和內容美的有機統一。形式受內容支配，但反過來又影響內容的表現，並有相對獨立的審美價值。一種形式往往可表現多種內容，一種內容也可以通過多種形式來表現」（註三）。

同時，「形式美不是固定的。不同時代、不同民族的人對形式美感受既有繼承性、共同性，又有差異性和變異性，總是隨著社會生活的演變和人的創造能力、審美能力的發展，而形成新的審美標準」（註四）。所以「內容與形式的統一」，不是將一堆材料，隨便雜亂地堆積在一起，而是要按照主題需要，選擇可用之材，適當的、不多不少的、恰到好處的結構在一起，以達到「有機的」統一。換句話說，一首詩的每個字，彼此之間應有「相互關聯不可分的統一性」，而其內容與形式的統一是「有機的」、具有「生命」的，因此一首詩就是一個「生命體」。例如我們最熟悉的一首詩：

靜夜思 李白

床前明月光，疑是地上霜。
舉頭望明月，低頭思故鄉。

這首詩雖然只有短短四句，但其內容與形式可說是「有機的統一」。不能多一個字，也不能少一個字，每一個字有其一定的位置，更不能換掉其中任何一個字。整首詩「從『疑』到『舉頭』，從『舉頭』到『低頭』，形象地揭示了詩人內心活動，鮮明地勾勒出一幅生動形象的月夜思鄉圖」（註五）。當我們閱讀時，能深深地感受到詩人的情思和舉動活現於眼前，整首詩就如一個生命體的完美演出，亦即一首詩就是一個活動的生命體。

當然，如何使一首詩的內容與形式，能達到「有機統一」的目的，更是創作時不可不重視的。賀拉斯認為「樸素、適當、完善」三者，應是創作必須遵守的標準。所謂「樸素」，我認為就是要合乎「自然」，不能違背「自然」。他在《詩藝》裡說：「詩人和畫家，你說，皆有幻想的權柄／是的，我夢寐以求，也允許別人憧憬／但斷不可想入非非，讓馴良配野性／蛇蝎同小鳥相愛，羔羊同猛虎談情」。「要是像病夫夢魘，滿篇是怪狀奇形」（註六），這當然是違反自然而不合乎樸素標準的。因此詩的創作，勿論取材或構思，首先應以樸素自然為原則。例如：

月夜 德·艾與多夫

青天好像靜靜地
吻過大地，
她現在花容燦爛，
夢沉沉地懷思。

微風吹過原野，
麥穗溫柔地波動，
森林輕輕地低語，

明星滿佈了夜空。
我的心靈廣闊地，
舒展開它的羽翼，
飛過靜靜的原野，
彷彿向家園飛馳。（錢春綺譯）

這首詩是德國浪漫主義詩歌的範作，為艾興多夫最優美的詩歌。曾經名音樂家羅伯特·舒曼等人，為其譜曲有四十一種之多。其內容純以樸素而自然的手法，將月夜美景充分表現了出來。一般認為這首詩，「是詩人深感現實生活索然無味」，而有「對理想生活的憧憬」。因此他的心靈「要飛離大地，飛離束縛人類心靈的現實社會，飛向『家園』。『家園』是人類永久的理想樂園」（註七）。所以詩中的「家園」，不僅是指現有的家鄉，而是象徵詩人所要追求的「理想」。這首詩的內容與形式，不僅達到了有機統一的標準，其表現也是樸素而自然的。

所謂「適當」，主要在運用語言文字來創作時，每個字或詞，都用得精準恰到好處。且能「使平凡的事物提升到輝煌的頂峰」，而產生超越的藝術效果。然而，由於詩的內容與形式可千變萬化，怎樣才算適當恰到好處，就很難有定論。不過大致說來，我們可根據一首詩的「語境」之需要和容量，來選所要之字，遣所需之詞，應可達到「適當」的要求。而「語境」，即，「語言的環境」，有「語言內境」和「語言外境」之分。內境指「我們通常說的上下文、前後語之間的制約關係」。外境乃指創作時的社會環境，時代背景等，「語言外部諸要素相互結合、制約的關係」（註八）。所以適當與否，可根據「語境」的需要和容量來決定。例如：

燕子 俄·伊薩科夫斯基

大砲在不停地怒號，
地雷還在村邊咆哮，
燕子已經飛來勞作，
忙碌著為自己做巢。

為迎接偉大的日子，
戰士們走出隱蔽壕，
人們說：「你們瞧，
燕子雖小，該做什麼它知道。」（藍　曼譯）

這首詩以燕子築巢為題，本是一件平常小事，但詩中運用「大炮在不停地怒號

／地雷還在村邊咆哮」、「為迎接偉大的日子／戰士們走出隱蔽壕」等，所營造的「語境」，來突顯燕子築巢的意義，就特別不同了。尤其以「燕子雖小，該做什麼它知道」，其所留下詩的想像空間，更有詩的情趣。所以這首詩，不僅用字遣詞適當，且「詩中還滲透著重建家園的革命樂觀主義精神：從戰爭的勝利走向建設的勝利」，「巧妙地寄托了自己的喜悅心情」（註九）

所謂「完善」，是就一首詩的整體而言，沒有任何缺陷，其內容與形成，能達到完全的「有機統一」，且具有整體效果。因此一首詩在構思創作時，就應賦予健康長壽的生命。力求誕生時已發育完成，不是早產兒，更不要畸形兒。雖然詩的構思要巧妙，虛實參差，富於想像或幻想，但賀拉斯認為：「不能超過一定的度，不能違背生活的真理」。即使「有人要主題變化無窮而標新立異」，但「若不是獨具匠心，也難免顧此而失彼」（註一〇），而不能達到「完善」的要求。所以一首詩不論長短，不論內容是什麼，都必須是一個生命整體，完善而無缺陷。許多流傳千古的名詩，都是如此。例如：

明天天一亮…… 法·雨果

明天天一亮，正當田野上天色微明，
我就將出發。你看，我知道你在等我。

我越過遼闊森林，我越過崇山峻嶺，
我再也不能久久遠離著你而生活。

我將一邊走，眼睛盯著自己的思想，
對外我聽而不聞，對外我視而不見，
我彎著腰，抄著兩手，獨自走在異鄉，
我憂心忡忡，白天對我變成了夜間。

我不會去看徐徐下沉的金色夕陽，
我也不看向海邊飄下的點點帆影。
我一到，我就趕快放在你墳地中央，
一束歐石南的花，一捧翠綠的冬青。（程曾厚譯）

這是一首悼念女兒的詩；雨果的長女萊奧波特蒂娜十八歲結婚，半年後即與新婚夫婿雙雙溺死於塞納河。此後「每逢愛女忌辰，詩人作詩悼念，並要親自去墳地掃墓。這首詩是寫雨果第四次上墳的心情」。由於墓園距巴黎三十五公里，「朝發巴黎，快步急走，暮至墳地，需要整整一天」（註一一）。

這首詩第一節，寫詩人出發前的心情。第二節，寫其途中的心情。第三節，寫其途中無意賞景，心中只有愛女。因此說：「我一到，我就趕快放在你墳地中央／一束歐石南的花，一捧翠綠的冬青」。從第一節到第三節，不僅充分表達了一位父親對女兒的愛心，且句句都能扣人心弦，讀來令人十分感動。所以是一首完善的名詩。

一首能流傳千古的詩，隨時取來閱讀，都能感人動人。其所以有如此魅力，除了詩中有作者貫注的心血外，主要在詩的本身，已具有不朽的生命，是一個內容與形式有機統一的「生命體」，隨時都能散發出生命的光輝。詩的創作，從「樸素」的構思，經過「適當」的表現，到「完善」的統一而成整體，正如一個孕育新生兒的過程。從優生學的觀點來看，一首詩在構思與創作時，就應該賦予健康長壽的生命。必須力求誕生時已正常發育完成，不是早產兒，也不是畸形兒，真正是一個完美的生命體。

二〇〇五年，六月五日。

附註

註一：世界詩歌鑑賞大典——賀拉斯《詩藝》解析。（傅正明）
註二：藝術學概論——內容與形式的統一。（彭吉象著）
註三：美學辭典——形式美。（王世德主編。張丹寧、趙前解析）
註四：同註三。
註五：唐詩新賞——李白《靜夜思》賞析。（張淑瓊主編）
註六：同註一。
註七：同註一——艾興多夫《月夜》析賞。（溫仁百）
註八：語言藝術妙趣百題——語境、語境容量。（彭華生著）
註九：同註一——伊薩科夫司基《燕子》析賞。（王守仁）
註一〇：同註一。
註一一：同註一——雨果《明天天一亮》析賞。（程曾厚）

二六、共鳴、共通感、通感

一首詩，是否能打動人心，使讀者百讀不厭，其首要基本條件，完全在作品的形式與內容，是否能使讀者產生「共鳴」。而共鳴的特徵，乃「是審美對象最大限度地調動審美主體的心理活動，並使主體的情感體驗達到高漲狀態」。「如果沒有引人感情共鳴的內在感染力量」，藝術作品，尤其是詩，「就不會有多大的審美價值和表現力，對人也就沒有意義」了。（註一）

康德認為：共鳴的基礎是「共通感」，亦即人人都有的「共同感覺力」。此一基礎，不僅與人之生理、心理有關，也「包含了複雜內容的社會現象」（註二）。

所謂「共通感」，即指人類共有的「通感」。從人之生理來看，人都有眼、耳、鼻、舌、身五種感覺器官，亦稱「感覺分析器」。這五者分別具有視、聽、嗅、味、觸不同的感覺力，以各自的專司來參與心理活動。不過這五者雖有分工，但「在特殊的情況之下，它們卻可以互相聯繫、互相作用、互相轉化、互相溝通」（註三），來形成「通感」，通感的心理基礎是「聯覺」。「聯覺是指一種感覺引起另一種感覺的心理現象」，「是兩種分析器在生活經驗中建立特殊聯繫的結果」（註四）。換言之，「心理學認為，通感，是一種條件反射」（註五）

所以，「通感的產生，並不是純主觀的隨意性想像的結果，而是有其客觀現實生活的基礎」。在客觀世界裡「萬事萬物都不是孤立存在、互相絕緣的」，只要「在一定條件下」，便可「彼此聯繫、互相溝通」（註六）。因此「通感」，不僅指主觀的「感覺力」，也包括主觀和客觀的相互溝通力。與此有關的詩，例如：

感應　法・波德萊爾

自然是一座神殿，那裡有活的柱子
不時發出一些含糊不清的語音；
行人經過該處，穿過象徵的森林，
森林露出親切的眼光對人注視。

彷彿遠遠傳來一些悠長的回音，
互相混成幽昧而深邃的統一體，
像黑夜又像光明一樣茫無邊際，

芳香、色彩、音響全在互相感應。

有些芳香新鮮得像兒童肌膚一樣，
柔和得像雙簧管，綠油油像牧場，
——另外一些，腐朽、豐富、得意揚揚。

具有一種無限的擴張力量，
彷佛琥珀、麝香、安息香和乳香，
在歌唱著精神和感官的熱狂。（錢春綺譯）

這首詩的題目，有譯為《交感》、《狂應》或《對應》者。是「通感」含義的具體展現，也成為象徵派的理論基礎。從整首詩來看，都在表現「大自然的各種顏色、芳香、音響雖各具特質但卻互相呼應，甚至可以互相轉化，同時，外界的一切又可以與人的精神互相對應和昇華」（註七）。

從詩的創作來看，通感「是一種以審美對象為基礎的主觀感情自由抒發的想像活動」，其「本身就是主客觀交融而偏於主觀想像的產物，它能給人以豐富的聯想」。不過，這「奇妙的通感體現在詩人的藝術形象之中，還有賴於詩人基於主客觀基礎之上的創造性的聯想和想像，將自發的低級的通感，提升為自覺的高級的藝術通感」。亦即應以這「審美通感」的藝術思維，來「更美地表現生活與人的精神世界」（註八）。

藝術通感的妙用，不外一，運用視覺與聽覺的通感。二，運用視覺、聽覺與觸覺的通感。三，運用視覺、聽覺與味覺、嗅覺的通感等。例如：

一、山中問答　李　白

問余何意棲碧山，笑而不答心自閑。
桃花流水窅然去，別有天地非人間。

這首詩在寫李白自己讀書處，湖北的碧山。第二句一方面表現出詩人愉快悠然的神態，一方面也略帶神秘色彩以誘發讀者思索的興味。第三句「桃花流水窅然去」，不僅有視覺的效果，也有「水聲」的聽覺效果。再加上隨水（或隨光陰）流去的桃花，更加強了視覺與聽覺的通感美。所以這是一首視覺與聽覺通感的巧妙運用。

二、客思　賈　島

促織聲尖尖似針，聲聲刺著旅人心。
獨言獨語月明裏，驚覺眠童與宿禽。

這首詩是寫旅人夜半聽到蟋蟀聲有感而作。「秋日蟋蟀的聲音是十分尖利的了，何況是在浪跡他鄉的深夜不眠之遊子聽覺中呢？賈島將蟋蟀的鳴聲這一聽覺形象轉化為『針』的視覺形象，再換位為『刺』的觸覺」（註九）。所以這是一首運用聽覺、視覺與觸覺通感最深細的好詩。

三、乘著歌聲的翅膀　德·海涅

乘著歌聲的翅膀，
心愛的人，我帶你飛翔，
向著恆河的原野，
那裡有最美的地方。

一座紅花盛開的花園，
籠罩著寂靜的月光；
蓮花在那兒等待
它們親密的姑娘。

紫羅蘭輕笑調情，

抬頭向星星仰望；
玫瑰花把芬芳的童話，
偷偷地在耳邊談講。

跳過來暗地裡傾聽
是善良聰穎的羚羊；
在遠的地方喧騰著
聖潔的河水的波浪。

我們要在那裡躺下
在那棕櫚樹的下邊，
吸飲愛情和寂靜，
沉入幸福的夢幻。（馮　至譯）

這首詩表現出作者熱愛印度風光，充滿了異國情調。他以「取自民間的流暢語言、和諧的音調，將千姿百態的自然界融化在他簡潔有力的詩篇裡，個人情感和外在的事物得到巧妙的結合」（註一〇）。從「通感」的角度來看，這首詩已將視覺、聽覺、嗅覺、味覺和觸覺的通感美，完全表現了出來。「乘著歌聲的翅膀」、「紫羅蘭輕笑調情」，是將聽覺轉為視覺，和將視覺轉為聽覺。「玫瑰花把芬芳的童話，偷偷地在耳邊談講」，是嗅覺、聽覺與「在耳邊談講」的觸覺之通感。最後，「吸飲愛情和寂靜」，更將味覺也納入此一「幸福的夢幻」中。所以，這是一首將五覺巧妙地融合在一起的好詩，充分表現了綜合的通感美。

同時，審美通感的運用，「在語言錘煉上最突出的特點」，就是「超常搭配」。這一特點我們必須抓住，才能「化抽象為具體」、「化無形為有形」；「使被描寫的對象生動逼真，給人留下可以想像捉摸的餘地」（註一一）。

所謂「超常搭配」，應是指視覺、聽覺、嗅覺、味覺與觸覺五者，可視實際需要，或兩者相配，或三者相配，或四者五者同時相配。且在語言上更須經過煉字煉句的考量，以求達到巧妙自然的要求，達到通感美的最高境界。而「超常」，在創新、在生動、在完美。其實「超常」與「平常」，多不能離開「常」字，主要還在「常」的巧妙變化。現試舉一例：

吸水的轆轤　意大利・蒙塔萊

汲水的轆轤輾軋轉動，
清澄的泉水

在日光下閃爍波動。

記憶在漫溢的水桶中顫抖，
皎潔的鏡面
浮現出一張笑盈盈的臉容。

我探身親吻水中的影兒：
往昔驀然變得模糊畸形，
在水波中盪然消隱……

唉，汲水的轆轤輾軋轉動，
水桶又沉落黑暗的深井，
距離吞噬了影兒的笑容。（呂同六譯）

據說，這首詩是在表現蒙塔萊悲觀主義宿命論，其「汲水的轆轤」實際上「成了永恒循環的命運之輪的象徵，這有目的、沒有思想，周而復始地輾軋轉動著，『水桶』則是在命運轉動的軌跡裡忐忑不安的苟活著的人類之化身，它們在盲目的『轆轤』控制下，無法擺脫沉淪於『黑暗的深井』的處境」。這就是「作為『奧秘主義』詩派鼻祖的創作特點」（註一二）。

再從「通感」的角度來看，水面及其浮現的那張「笑盈盈的臉容」，屬於視覺。「轉身去親吻水中的影兒」，則是觸覺的動作。視覺之水面一經觸覺之吻，立刻「變得模糊畸形」，水中影兒已「盪然消隱……」，這應該是一般「常」的現象。不過這「常」現象，一經作者有意以超常的「語境」來將兩者巧妙搭配，就立刻產生了超常搭配的通感美。由此可見，「超常搭配」也多是在「常」中求變、求新，求超越。

通感是詩的創作求新、求變、求超越的另一條途徑，從審美角度來看，一切「文學的活動是作者的審美創造與讀者的審美再創造的對立的統一，藝術家的全部技巧，就是創造引起讀者審美再創造的刺激物。通感，就是其中的重要技巧之一」（註一三），詩的創作，更不能例外。

由於通感是「主觀感情自由抒發的想像活動」，「是主客觀交融而偏於主觀想像的產物」，具有「豐富的聯想，和豐富的審美情感」。其運用一方面「可以使作品獲得新奇之美，使讀者得到新鮮奇特的感受」。另一方面也可「使作品意境深曲，引發讀者豐富的聯想，加強美的多層性與豐富性」（註一四）。因此通感的運用，主要還在自然而巧妙的想像和聯想。

不過，「在我們當前的新詩創作中，某些缺乏充分的通感反應條件，矯揉造作故弄玄虛而使人不知所云的詩作」，「實在也只能看作是對真正之詩的通感的誤解」（註一五）。所以，「藝術通感雖有利於寫作，但不是輕而易舉就能靈活運用的」（註一六）。

本文從「共鳴」談到「共通感」，從「共通感」談到「通感」。最後的結論是：我們必須再反回：由「通感」而「共通感」，「共通感」運用有成，才能產生理想的「共鳴」。讓我們一起來努力吧！

二〇〇五年九月十一日

附註

註一：美學辭典（王世德主編）——共鳴。（喬　靖）
註二：同註一——共鳴、康德。（喬　靖、王忠勇）
註三：詩美學——五官的開放與交感。（李元洛著）
註四：語言藝術妙趣百題——通感(1)。（彭華生著）

註五：同註三——五。

註六：同註三——五。

註七：同註三——一。

註八：同註三——三、五。

註九：同註三——四。

註一〇：世界詩歌鑑賞大典——乘著歌聲的翅膀。（馮至解）

註一一：同註四——通感(4)。

註一二：同註一〇——《汲水的轆轤》。（劍　釗析賞）

註一三：同註三——五。

註一四：同註三——三、五。

註一五：同註三——五。

註一六：同註四——(4)。

二七、詩味與詩的美味

一首詩，如一杯酒或一道菜，某種酒必須有某種「酒味」，某種菜必須有某種「菜味」。假如葡萄酒無「葡萄酒味」，便不能稱為葡萄酒。假如東坡肉無「東坡肉味」，便不能稱為東坡肉。同理，一首詩若無「詩味」，就不是詩。而且一首好的詩，還必須要有「美的詩味」。

然而「味」是什麼？味是一種「滋味」，當我們細加品嘗某種物質或精神的食糧時，一種「有趣的感受」。它來自我們的品嘗，來自我們研究體察的玩味。

事實上，我們對一件作品，感覺「真有味」、「真有趣」，它就「能夠滿足人們審美需求，表現審美主體的愛好情緒和審美客體的含蓄情趣」（註一）。因此有味有趣的「感受」，就是一種品嘗「詩味」的收獲。

同時，「味」本由味覺而生，但由於人類感官，有視、聽、嗅、味、觸等之不同，故其感受的滋味亦各異。因此以美的角度來看，除味覺之美以外，還有視覺的美、聽覺的美、嗅覺的美、觸覺的美等。不過雖然美各有來源不同，但由於感覺與感覺之間，彼此還可以互通，而有「通感」、「聯覺」或「感覺轉移」等功能。只要我們能善加有趣的運用，不僅可產生多彩多姿的美感，也可增加不少「美味」的資源。例如：

調皮的笑　　穆仁

一個調皮的笑，
可真耐人咀嚼：
許多天過去了，
我還未辨清味道。

讓它像顆冰糖，
慢慢溶化在心上；
如同甜絲絲的泉水，
悄悄在岩層下流淌。

這首詩「把視覺所見的笑與味覺所感的甜，以及觸覺所能感受到的泉水三者溝通了起來，從而勾劃出了我們莫測其深邃的笑」（註二）。這是一種趣味的通感運用，讀起來真有美味的感受。

詩的美味，是一種融合在詩句中有趣的滋味，經過品嘗就會有所感受。而「品」有三口，必須一口一口，細加玩味，才能嘗出味道來。不僅要品出味的性質，還要嘗出味的等級：是上品？中品？或下品？

大致說來，構成詩的美味，包括詩的內容與形式。在「內容方面有情味、意味。形式方面有興味、韻味」（註三）。現分別來探討。

一，情味：不管是抒情詩或敘事詩，都或多或少含有詩人的情感和想像，尤其抒情詩的詩味，更含有豐富的情感。故「情」是詩的靈魂，而「味」，則是通過一定藝術手法表現出來的「趣味」。例如：

采石磯　　朱元璋

采石磯兮一秤砣，長虹作杆又如何？
天邊彎月是掛鉤，稱我江山有幾多。

據說這首詩，是朱元璋當皇帝後，微服出巡，在安徽當塗渡口，見采石磯而作。這首詩「運用豐富的想像」，「妙用誇張，不僅很好地起到了強調突出的作用，而且妙語迭出，情趣盈天」（註四）。有帝王的口氣，更有豪放的感情，極富強烈的「情味」。

二，意味：詩的內容，除了表現詩人的情感外，更在表現詩人的思想或意味。而意味主要來自意象和意境。「詩若無意味存在其中，便失去了詩的特徵」。「意味能令讀者百讀不厭」，且「讀一次有一次的發現」。「意味之產生是由於內容之微妙與表現技巧上的精奧」，「是深刻的表現，精細的刻劃。是詩人把那種抽象的情趣，藉具象的形象表達出來，能使讀者動心」。同時「詩的意味，有深有淺；有隱秘的意味和顯而易見的意味。隱秘的意味，猶如奧秘，意在不言中；讀者必須細心玩嘗，方能獲得其『言外之意，弦外之音』的妙趣」（註五）。例如：

為愛犧牲一切　美．愛默森

雖然你愛她，把她當自己一樣，
把她當作一個較純潔的自己，
雖然，她離去了使日月無光，
使一切生物都失去了美麗，
你應當知道
半人半神走了，
神就來了。（張愛玲譯）

這首詩中「神就來了」一句，「具有無窮的意味。這個『神』所代表的是什麼？為什麼『半人半神走了，神就來了』？作者沒有說明，因為沒有說明，故是詩」。「這個『神』所代表的意義」，「就是愛情雖然失去，卻獲得對人生的認識。失去了有形的，獲得了無形的」。而「神」所代表的，即「人生的認識」。「這種意味」，「亦屬隱秘的意味，這完全屬於表現技巧的運用」（註六）。

三，興味：詩的形式，首重語言運用，「興味」即從語言藝術來談「詩味」。所謂「興味」，就是「趣味」，是來自興趣。是心有感於物，心與物會而起的喜悅情緒。「是詩人以心接物，由興而得的情趣」。也「是人們認識需要的一種情緒表現」。「由於興趣總是同滿足人們某種物質需要或精神需要相聯繫，因而它總是伴有一種積極的情感體驗，是人們取之不盡、用之不竭的內驅力和凝聚力的力量源泉」（註七）。要表現這種由「興」而起的情緒或情趣所產生的興味，就必須運用具有審美特質的趣味語言，亦即「藝術的語言」。

就語言的特質來說，可分實用語言和藝術語言。在現實生活中，主要運用前者，後者也難免。但因文學藝術是源於生活「又高於生活」，故除了反映現實生活的實用語言外，更必須以高於實用語言的藝術語言為主（註八）。換句話說，詩的語言，應多用藝術語言或趣味語言，才能表現出詩的「興味」。例如：

1. 訣別詩　金聖嘆

蒼天為我報丁憂，萬里江山盡白頭。
明日太陽來吊孝，家家户户淚珠流。

這首詩的作者金聖嘆，原名張采，明末長洲人，是有名才子。最後因知縣迫害讀書人，聚眾在文廟哭泣抗議而判死刑。在被砍頭前的刑場，突然天降白雪，因感慨萬千而作此詩。死刑本是悲劇，在悲劇的場景中，卻因白雪引發詩人的聯想與想像，而寫出此含有「悲趣」的奇妙詩句，可說是在「悲趣」中流露出的淒美的「興味」。

2. 你愛的是春天　匈牙利·裴多菲

你愛的是春天，
我愛的是秋季。
秋季正和我相似，
春天卻像是你。

你的紅紅的臉：
是春天的玫瑰，
我的疲倦的眼光：

秋天太陽的光輝。

假如我向前一步，
再跨一步向前，
那時，我就站到了，
冬日的寒冷的門邊。

可是，我假如退後一步，
你又跳一步向前，
哪，我們就一同住在，
美麗，熱烈的夏天。（孫用譯）

這首詩，是詩人向其愛人尤麗亞求愛初期所寫，由於女方父親阻撓，使其愛情波折，在心理上感到惆悵、苦悶，而又充滿強烈憧憬。「全詩感情熱烈，比喻奇妙，詩人以四季作比喻」；以春天比喻情人的可愛，以秋天比喻自己的感情成熟，且「內心惶惑和相思的疲倦」，同時也暗示兩人間所存在的距離。「這一串比喻新穎、樸素，恰當地表現了詩人殷切、焦急但又不失自尊」，「讀起來令人有一種溫婉、親切、自然之感」。尤其「最後一節的『進一步』、『退一步』，同往夏天的比喻，更耐人尋味，說出了愛情生活中相互體諒、共同努力去爭取美好未來的重要」（註九）。

四，韻味：詩的語言與非詩的語言之不同，就在於詩還要講求音樂美。「詩的音樂美來自語言的音樂美，語言和音樂固然不同，但它們都以聲音為基礎」。由於詩是「集中地利用了語言音樂美的條件，使詩的音樂美出類拔萃，超出一切文學樣式」（註一〇）。

尤其「中國文字從始創之初，就是音、形、義三位一體」，其「音響不但常常與意義有關，而且與感情的狀態也很有關係」。故「能夠有助於思想感情的詩意表現，烘染詩的情調和氣氛，加強抒情的強烈性和激烈性，獲得聲義相諧之美」（註一一）。

詩的語言音樂美，主要表現在韻、節奏、音調三方面。這三者，「韻」在求唸起來的聲音和諧好聽。「節奏」與「音調」，在求音與義洽，不僅唸起來有「節」有「拍」，也要能顯示出音的高低強弱，以便押「韻」之用。總之，這三者的共同目的，都在求其能悅耳悅心，富有含蓄的意味；唸起來順口好聽，文雅、風致，有情趣。

我國的傳統詩，在韻、節奏、音調三方面，都有詳盡規定，不過現在的新詩，已打破其呆板的限制，只要能將三者的音質融入詩句中，唸起來自然好聽，有情動的節拍、有聲動的曲線美，富於情味，有無窮的「韻味」。現試舉一大家都熟悉的新詩數段為例：

雨巷　戴望舒

撐著油紙傘，獨自
彷徨在悠長，悠長，
又寂寥的雨巷
我希望逢著
一個丁香一樣地
結著愁怨的姑娘。

她是有
丁香一樣的顏色，
丁香一樣的芬芳，
丁香一樣的憂愁，

在雨中哀怨，
哀怨又彷徨。

她彷徨在這寂寥的雨巷，
撐著油紙傘，
像我一樣，
像我一樣地，
默默彳亍著，
冷漠，淒清，又惆悵。……

這首詩之所以能成為名作，主要是其音韻自然，且與內在感情律動諧和，形成了優雅的旋律，讓人讀起來頗有雅致的韻味。

總之，詩不能缺少「詩味」；好的詩，更要有「美的詩味」。而構成這美味的主要元素，在內容方面，有情味、意味。在形式方面，有興味、韻味。四者缺一不可，而且還要相互融合，才能形成獨特而美的詩味。

其實，美的詩味並非隨便可得，成敗關鍵還在能否巧妙運用藝術的趣味語言。凡趣味語言必具三美條件：一，能意美以感心。二，能音美以感耳。三，能形美以感目。（魯迅語）。而意美要求「新鮮奇特，見解獨到」。音美要能「琅琅上口，悅耳動聽」。形美要「具體、形象、生動、逼真」。且三位是一體的，「誦之行雲流水，聽之金聲玉振，視之明霞散綺，講之獨繭抽絲」。也可說，美的詩味，在內容上，「要有趣味思想；要有真切感情」。在形式上，所用語言，要有『三美』條件」（註一二）。歸納起來，對詩的美味可總結八個字：濃情、蜜意、妙語、如珠。一笑！

二〇〇五年十二月七日晚。

附註

註一：趣味語言妙用——辨識瑰寶。（楊志岐著）

註二：語言藝術妙趣百題——通感(1)。（彭華生著）

註三：同註二——通感(5)。

註四：同註一——巧辭。

註五：論現代詩——意味。（覃子豪著）

註六：同註五。

註七：同註一。

註八：同註一。

註九：世界詩歌鑑賞大典——《你愛的是春天》解析。

註一〇：詩歌鑑賞入門——詩的音樂美。（魏飴著）

註一一：詩美學——語言的煉金術。（李元洛著）

註一二：同註一——衡量尺度。

二八、新詩應有的韻味

在《詩味與詩的美味》一文裡，我認為「詩味」包括「情味」、「意味」、「興味」與「韻味」四者之中，前三種的產生，似乎不因所使用的語言文字之不同，而有其顯著的差別。但「韻味」則不然，只要用的語言文字不同，便會有獨特的不同的風味。因此，中文詩有中文詩的韻味，英文詩有英文詩的韻味。

中文的「韻味」一詞，是「韻」與「味」的合成。辭典對「韻」的解釋是文雅、有風致、有情趣，且這類詩文讀起來都有和諧好聽的聲音。而「味」，則是指「含蓄」於詩文中的某些味道，也許是情味、也許是意味、也許是興味。這些味必須經過品嘗、經過玩味、經過體會、經過研究，才能獲得而產生有趣的感覺、享受。因此凡中文詩，勿論新舊，都不能缺少以上所言的「獨特的韻味」。

不可否認，中文詩的「韻」之「味」，是來自對中國音、形、義三位一體的文字之「韻」的藝術妙用。因此從中文詩的歷史演變可看出，自詩經、楚詞、漢樂府，到五言、七言的古詩、律詩、絕句，都各有其自己的「韻味」。尤其到了律詩和絕句階段，更訂出了一套「押韻」等嚴格的要求。

不過，也正因為有了以上之類的嚴格要求，陷詩人「於尋章摘句，一字推敲的陋習，致使中國的文學，有古典的精神，而乏時代的精神，有節制之美，而少奔邁之氣；流弊所至，是性靈的抑制，內容的空虛，現實的規避，和色調的單一」（註一）。因此到了民國初年，有胡適的「文學改良芻議」，有陳獨秀的「文學革命論」，再加上西洋作品的大量介紹，而啓開了新詩創作的大門。

新詩與舊詩的不同，主要在詩體大解放；用白話、用俚語，用日常語言來創作。不僅主張「語氣的自然節奏」，也主張用韻的自由，「有韻固然好，沒有韻也不妨」（註二）。例如：

一、答梅覲莊　胡　適

「人閒天又涼」老梅上戰場！
拍桌罵胡適，「說話太荒唐！
說什麼『中國要有活文學！』
說什麼『須用白話做文章！』
文字豈有死活！『白話俗不可當』（原書中語）

把水滸傳來比史記，
好似麻雀來比鳳凰。
說『二十世紀的活字
勝於三千年的死字』
若非瞎了眼睛，
定是喪心病狂！」……（民國五年七月二十二日）

二、除夕歌　陳獨秀

古往今來忽有我，
　歲歲年年都遇他。
明年我已四十歲；
　他的年紀不知是幾何？
我是誰？
　人人是我都非我。
他是誰？
　人人見他不識他。
他為何？

令人痛苦令人樂。

我為何？

拿筆方作「除夕歌」。

除夕歌，除夕歌；

幾人嬉笑幾人泣。

富人樂洋洋，

吃肉穿綢不費力。

窮人晝夜忙，

屋漏被破無衣食。……

這兩首詩，讀起來都或多或少有運用中文押韻的味道。不過在那個新詩開始不久的年代，最富「韻味」的詩，要算徐志摩的《再別康橋》，與戴望舒的《雨巷》。這兩首詩一直令人百讀不厭，我想它們的魅力，主要還在其具有中國新詩的獨特「韻味」。《雨巷》在《詩味與詩的美味》一文中談過，現在來看《再別康橋》：

再別康橋　徐志摩

輕輕的我走了，

正如我輕輕的來；

我輕輕的招手，
　作別西天的雲彩。

那河畔的金柳，
是夕陽中的新娘；
波光裡的艷影，
　在我的心頭蕩漾。

軟泥的青荇，
　油油的在水底招搖；
在康河的柔波裡，
　我甘心做一條水草！

那榆陰下的一潭，
　不是清泉，是天上的虹，
揉碎在浮藻間，

沈澱著彩虹似的夢。……

這首詩我只節錄了前四段，對此詩賞析的劉龍勳先生說：「全詩徐志摩發揮了格律派的音樂美，使詩中的音節、韻腳、節奏，幾乎都要妙到頂峰；再加上他善於陶鑄文言，而變成他個人生動的白話，所以詞藻也相對的高華典麗」（註三）。故這首詩，是極富「韻味」的中國新詩。

去年（二〇〇五）七月，我隨中國文藝協會訪問團前往大陸北京、內蒙、大同、太原等地訪問，當代名詩人董耀章先生，送我大作《愛的星空》詩集，我品嘗時發現他的詩，極富中國白話詩的韻味。現舉例如下：

一、春雨　董耀章

淅淅瀝瀝，一脈琴音
淅淅瀝瀝，一往流韻
迷醉了無垠的春色
渲染了深邃的意境

綠絨狀的草坪晶瑩著企盼
琥珀似的池塘釀製著柔情

細語緩緩，纏纏綿綿
詩意盎然，朦朦朧朧

從冬眠中醒來的枝條
如痴如酣地講述著昨日的故事
從吟誦中飄來的玉女
眉飛色舞地品味著新變的傳真

一根根銀線，無聲無痕
一次次超越，係著精靈
春雨喲，白天你是一支抒情歌曲
春雨喲，夜晚你是一簾敘事幽夢……

二、白楊　董耀章

等你的時間太長太長
累困了多情的夕陽
懶洋洋墜入湖心

濺起一片紅暈
把天壁燒旺

等你的時間太長太長
累彎了西天的一鉤月亮
靜悄悄沉入山後
編織一個故事
把心思收藏

一陣夜風掠過
帶走一片清涼
清醒後方覺的誓言已經遠去
身影兒幻化成一棵落葉後的白楊……

這兩首詩，第一首《春雨》，就其內容來看，開始先寫出春雨的聲音，「淅淅瀝瀝」如琴音，有流動的韻味，不僅使春色沉醉，也渲染出深邃的春的意境。接著第二段寫春的風景，以綠草坪企盼春雨的晶瑩神態，以琥珀色池糖為春雨釀製柔情的動作，加上春雨對春景的細語綿綿，不僅將春景活化了，更將其昇華到詩的朦朧的最高境界。第三段寫春雨帶來春景新的變化：冬眠的枝條被喚醒了，醒來還如痴如酣地講述冬天的故事。而春雨又像「吟誦中飄來的玉女」，細雨紛紛似「眉飛色舞」，在品味美所「傳真」來的春景新鮮的變化。最後一段的結論是：春雨如一根根無聲、無痕的銀線，一次次飄來都有精靈一樣的超越。因此詩人讚美它，白天是一支抒情歌，夜晚是「一簾敘事幽夢」。

這首詩再以形式來說，四行為一段，句與句，段與段間，都各自含蓄著不同的韻味。且每句最後一字，似乎都有意無意，自然地顯露其各自不同的押韻效果，所以勿論內容或形式，《春雨》都是一首極富韻味的中國新詩。

第二首《白楊》，也與第一首有「異曲同工」之妙。等待的白楊，象徵一位戀愛的少女，正在等待情人。因為等待的時間「太長太長」了，從白天等到夕陽下，再等到明天早晨月亮沉入山後。直到一陣夜風帶走清涼，才使她醒來發現，她與情人的海誓山盟，都已遠去了。留下的只有她自己的身影，幻化成一棵像「落葉後的白楊」。這是一首淒美的詩，也是一個失戀的故事。在詩句的結構上，以「太長太長」來形容等待時間的久。以「懶洋洋」的夕陽墜入湖心，以「靜悄悄」的彎月沉入山後，來描寫少女的心情；只好無奈地讓夕陽紅暈「把天壁燒旺」。「編織一個故事，把心思收藏」。把少女失戀的身影，充分地刻畫了出來。尤其每句每段，用字的多少，構句的長短，句末一字的選擇，都含蓄著一種憂傷的韻味，令人感動。所以《白楊》，也不失為一首具有韻味的詩。

在《愛的星空》詩集中，除了我所選擇的這兩首短詩以外，其他較長的如「黃河砥柱」，如「東坡茶社抒懷」等等，都具有白話詩的音樂美，都含有中國新詩特有的、自然的「韻味」。

回憶中國新詩自五四「文學革命」開創以來，隨著白話文的提倡、隨著西洋文藝思潮的滲入、隨著時代不斷進步，詩藝的發展，雖有各種顯著進步，也開拓了不少新的道路，但詩之所以為詩的，最根本的「韻味」，在新詩創作時，似乎常被忽略。而在歷史邁入二十一世紀的今天，我們能讀到《愛的星空》這樣富於韻味的中文白話詩，不僅顯示其有中文詩的特質，也指出了中國新詩未來發展的正確方向。

二〇〇六年二月二十二日。

附註

註一：當代中國的狂飆運動。（邢光祖作）

註二：中國新文藝大系——詩歌一集：導言。（朱自清）

註三：中國新詩嘗析——再別康橋。（劉龍勳嘗析）

二九、愛與美的藝術觀

——從羅門大師的「燈屋」說起

今（二〇〇六）年四月十七日晚，陪同幾位香港詩友，前往羅門大師「燈屋」拜訪。「燈屋」是大師與夫人蓉子女士住的地方，經過設計於一九五五年四月成立。我們進門後，大師忙於「燈屋」介紹，夫人則忙於茶點招待。兩人相愛的身影，已寫出了一首「愛」的動態的立體詩。

「燈屋」是大師對詩之美的「虛擬」觀念，轉化為「可見的實體」。在大師的美學觀念中，是要從「第一自然」與人為「第二自然」兩大外在的現實生存空間，「轉化昇華入那超越外在的內心『第三自然』無限世界，去發現更豐足與新穎的『美』的存在」。其美學理念的具體呈現，主要在一座，用鐵絲等實材，所建構的由下而上到尖頂的「螺旋塔」。此塔既包括能衍生的「圓型」，又包括可層層向上昇越的「直展型」。既有實底，也有尖端。「既有旋進去看不見底的生之奧妙，也有不停地旋上去的望之無窮的仰視」。這一造型藝術，加上兩樓其他用不同材料所構成，以表現不同意境的可見實體、滿屋的書籍、牆上的抽象畫、桌上的小物件，再配以輕聲播放不停的貝多芬音樂，使「燈屋」呈現出多元化的意境。

雖然大師一再強調：「美」是一切，「是世界的核心」。但再加上他與蓉子夫人互動的「愛」的身影，「燈屋」不就是一首動態的「愛與美」的立體詩嗎？其他我們還拜訪了管管先生與林煥彰先生兩位詩人的「詩屋」，總括我的直覺，我發現不僅在追求美，更應該是「愛與美」融合而產生的超越境界。

在二〇〇三年，《秋水詩刊》一百一十九期，我曾以《賽姬（Psyche）的愛與美》，來探討「詩創作的原動力」，當時只著眼在詩的創作。不過最近在三月下旬，隨文藝協會大陸訪問團遊覽桂林灕江。以及四月中旬，陪同香港五位詩友，在台北、基隆地區玩了三天。這兩次使我親自體驗出「愛與美的藝術觀」。同時也寫了兩首詩：《灕江春夢》、《最美的距離》。如下：

一、灕江春夢　雪　飛

春雨綿綿
像天使的長髮在天空飛舞
春風滿面

美麗的山河更加瀟灑
那終年陪伴灕江的百里畫廊
有的站立如塔，展翅像隻蝙蝠
有的似九匹野馬在放牧
「浪石煙雨」、「冠岩幽洞」
都塗上了一層醉人的春色
灕江的水慢慢地流
像一位行吟詩人
文雅而優閒地漫步森林
又像少女在輕聲歌唱

我們的苗族姑娘
萬綠叢中，一朵紅色玫瑰
正在為美而盛開
為愛而獻出珍藏的芬芳
已使這世界醉在愛與美的夢裡

我們的船
滿載著一船喜悅
在它微笑的眼波上航行
似情似夢，一切都已陶醉
山之歌在雲中舞蹈
江水輕輕蕩漾……

山美、水美、人美
寫出了一部情趣生動的美學
多情的春雨綿綿
柔情的春風似水
吟詩、歌唱、浪漫
灕江春夢

二〇〇六年三月二十五日遊灕江有感。

二、最美的距離　雪飛

——聽《在那遙遠的地方》有感

最美的距離
不是中間隔著一座可愛的小山
雖然在那座山上
桃花正開，牡丹正艷麗
紫丁香正在散播芬芳

最美的距離
不是中間有條小河，河上有小橋
雖然小橋可供情人約會
流水可一面漫步
一面為河邊小草講故事

最美的距離
更不是沒有距離的◯距離
若無距離，又那來小山與小河
誰來為小草講故事？

誰來享受紫丁香的芬芳？

最美的距離
是歌聲飛往遙遠的一段旅程
在那旅程的終站
有希臘式的庭院、花園
邱彼特陪著賽姬
正在園中共賞美景

這最美的距離
是一段滿載祝福的飛行
越過高山、大海
飛向那愛與美的天堂
但願妳是賽姬
一位幸運的公主

二○○六年五月一日夜。

這兩首詩，第一首的創作靈感，是在遊灕江時，桂林文聯會所派的伴遊，一位大學觀光系畢業的李小波小姐，當時她身著紅色大衣，足穿高跟皮鞋，走起路來如一朵紅玫瑰，在微風中搖曳生姿。加上當天的灕江山水，在春雨綿綿、雲霧繚繞中顯得更美，因而使我有山美、水美、人美，三美一體之情趣。尤其我們的伴遊李小姐，風姿談吐均能給人以美感，我們團裡有一位詩人和一位畫家，更因其親和力神魂顛倒，如在夢中。本來我開始想到的詩題是「灕江春意」，因有人提到「夢」字，且他們好像都沉醉在夢中，所以我將詩題改為《灕江春夢》。

從搖曳生姿的紅玫瑰，使我進一步想到：花為什麼要盛開？為什麼要將花香隨風散播？我的答案是：花為「美」而盛開，為「愛」而獻出珍藏的芬芳。山、水、人，似乎都有「為美而紅妝」、「為悅己者而付出自己的愛」。「愛」與「美」，是《灕江春夢》的內在旋律。

第二首《最美的距離》，靈感來自香港傑出詩人楊慧思小姐，和一首民歌《在那遙遠的地方》。本來我和楊小姐並不熟識，只是兩個月前，她寄贈我一本《思@情》詩集。她所寫的抒情詩很美，就像是從一顆美的靈魂中，慢慢流出的清泉。我讀後寫了一首《豐收的季節》，將稿先寄給她以表感謝。但卻想不到這次她隨訪問團來台灣，我們一見如故。她不僅送我一盒附有詩箋的巧克力，尤其我們分別那天，從九份古街林煥彰先生的詩屋，到停車場約有六、七層樓高的陡坡，她一直以關心的眼神，一步一步牽扶我走下那些狹小的石級。這完全出於她善良的愛心，同時也散發出純潔之美的光輝。當時我不僅非常感動，也讓我對愛與美有了深一層的體悟。

事有湊巧，當他們回香港後不久，某一天清晨我從夢中醒來，正好聽到床頭收音機播出：「在那遙遠的地方，有位好姑娘……」，這立刻使我想到別後的香港朋友，更覺得我還應該，對楊小姐有最適當的關懷與祝福。從美學的心理距離說來看，此情此景，我正可用《最美的距離》為題，以想像的歌聲來表達心意，以賽姬與邱彼特的動人故事，來祝福她永遠過著愛與美的生活。當然，《最美的距離》與《在那遙遠的地方》，從意境來看是完全不同的，《最美的距離》雖有懷念之情，卻只有「祝福」之意。

對於「愛」與「美」，經過以上不同的生活體驗，使我一再深入思考：究竟「愛」是什麼？「美」又是什麼？「愛」與「美」是一體？還是各自獨立，互無關聯？人類只需要「愛」，或只需要「美」？或「愛」與「美」都同時需要？我想到柏拉圖（Platon）對「美」的絕對理念，但丁（Dante Alighieri）為「愛」而完成不朽的《神曲》。再將兩者融合一體，我發現其極致，應該包括「不朽的愛與絕對的美」，也說明一切愛與美之表象，都不能脫離這藝術觀的根本。這個根本，更是人類賴以生存的基本條件。不管你多有錢，官作得多大，若是你的人生無愛與美，必然是痛苦的。

今天人類最大的悲哀，不僅是缺乏愛的實踐，也缺乏美的生活修養。整天在為名為利，你爭我奪，天天都有不同性質的戰爭。為了一己私利，不惜破壞和平，毀掉人類生存環境。其根本就在人類自己，未實踐「愛」的要求，未發揮「美」的理想。雖然現在宗教家正在推動「愛」的落實，藝術家正在努力「美」的追求，但人類和平依然天天面臨摧毀，生存沒有任何保障。

詩人，一直是「愛與美」的追求者。今天人類正面臨「愛」的貧血，「美」的枯萎，我們的生存環境逐漸被破壞，和平受到嚴重威脅！所以我要在此特別呼籲：全世界的詩人們都請站出來，用我們的智慧、我們的熱情，我們的手握的不朽的筆，共同來推展「愛與美的世界和平運動」！以拯救人類沉淪，防止我們生存的地球被破壞，為我們自己，也為我們後代子孫，建立一個「愛與美」的新世界。

二〇〇六年五月二十二日。

三〇、詩的藝術魅力

近年來，我一直在思索：為什麼有的詩，只有短短數句，卻讓人百讀不厭而能流傳千古？經過多方探究，我發現其原因，主要在一首詩的本身具有「藝術魅力」。因此現在我就以此為題，來談談個人的看法。

所謂「魅力」，簡單說，就是很能吸引人而動人心弦的「美」的力量。一首詩要具有這種力量，起碼看來要「順眼」，讀來要「悅耳」，能「美於目而悅於耳」，進一步才能使讀者「動於心」，以產生魅力的效果。「因為目與耳，是通往心的殿堂的兩條通道，兩條通道堵塞而此路不通，怎麼可以令人心為之動？」（註一）。

詩能產生魅力，主要來自詩的「藝術」。「詩是藝術之一，所以詩的基本概念，包含在藝術的概念中。當我們創作詩時，所直觀直覺的美感，所喚起的真摯而強烈的感情，所獲得深刻的感受，所體念到生活經驗裡基本的價值觀，這些皆與美的概念相關」。（註二）。

在藝術的概念中，「藝術是屬於人的，只有人才有藝術的創作」。不過藝術的產品，「其產生的原始根基是自然，因此不能完全脫離自然」。雖然其中已顯示：美有原始的「自然美」，和人文創作的「藝術美」，但對「美」的追求來說，「應是適當的自然化」，加上「適當的人文化」，「二者和諧，才是真的藝術」。（註三），亦即「藝術是人造的，然得使讀者感不出其為人造時，藝術造詣才算達到最高點」。（註四）。這最高點，也就是「天人合一」的藝術最高境界。現試舉二例：

一、登幽州臺歌　陳子昂

前不見古人，後不見來者。
念天地之悠悠，獨愴然而涕下！

二、一切的頂峰　德・歌德

一切的頂峰
平靜，
一切的樹梢，
全不見
絲兒風影。

小鳥們，在林中無聲。
稍待啊，你也
將要安靜。（覃子豪譯）

這兩首詩的「藝術造詣」都達到了最高點，讀起來完全不覺有半點「人造」的痕跡。就第一首來看，若把後兩句的「之」與「而」字去掉，改成「念天地悠悠，獨愴然涕下」。雖然意義一樣，但「詩的節奏感頓成平板呆滯」。據專家分析，這首詩之所以能成為流傳千古的名詩，主要是它具有抒情詩的三大「藝術特徵」（註五），而魅力無窮。第二首《一切的頂峰》，是詩人在奇克爾漢山頂，懷念死去的好友席勒（G. Sehiller）而作。這首詩不僅表現自然無「人造」之感，且其「含意很深，境界亦很高」。

詩的創作，是一種「藝術」，也含有「技術」成分。「藝術（art）的辭意本來就含有技術（technique）的意思在內」。「古希臘文中，藝術與技術用的是同一個字：techne」。「事實上，一切與人活動有關的事物都會牽涉到技術的問題」。而且要「經由技術，藝術才能成為可能」。「偉大的藝術作品之所以有魅力，主要在藝術家藉著卓越的技術在作品中呈現出存在的光輝」（註六）。

同時，技術也可說是藝術，故有「技藝」之說。如：「藝術的創作除藝術家的精神活動之外，還須有熟練技藝」（註七）。不過，若將藝術與技術分開來看，「單憑技術，並不一定能創造出真的藝術作品來」。且「技術只有在成為展現事物存在的憑藉時，才能轉化為藝術」（註八）。所以詩的創作，是含有技巧的藝術，其作品即為藝術作品。

藝術，是「人類心靈追求美感經驗的一種方式，反映人類心靈在宇宙中探尋自我存在的意義」（註九）。因此藝術的特徵，主要在追求美、表現美，而「美在其最高形質中包容著真與善」。也可說：「美的實質即是真，美的結果就是善」。「善與真可從美中導引出來」。同時美更可帶來「永恒的愛之夢」，達到「愛的不朽也就是美的不朽」（註十），所以藝術的起源更可說是「愛」。「一切藝術起源於愛情」，而「詩歌是藝術之一，故詩起源於愛」（註一一）。愛在人類生命中，是一股強大的力量。在人之大腦裡，可「改變大腦的結構」。「愛的奧妙在未來的可能發展」（註一二），因此詩的創作，也在愛的奧妙中。

古羅馬傑出詩人賀拉斯（Quintus Horatus Flaccus）認為：「詩僅僅具有美是不夠的，還必須具有魅力」（註一三）。唯有「魅力」，「是具有感情的反射功能」，有魅力的詩，才能引起讀者共鳴，而「撼動人心」（註一四）。能產生魅力的因素很多，首先是詩人的思想感情，必須達到「情感滲透在思想裡，思想融合在感情中」，如此加以運用，才能產生「真正具有感人的魅力」（註一五）。其次是「情感」必須與「趣味」共同形成「情趣」。「情趣是產生獨特魅力的重要因素」，因為「情是作品的靈魂，趣則是通過一定的藝術手法表現出來，兩者是辯證統一的」（註一六）。「詩若缺少情趣，便失去了動人的魅力」（註一七）。其他如運用想像、聯想、創新等，都可產生魅力。現在根據詩所必需的創作藝術：藝術語言、美感意象、意境意蘊三者，來一一討論：

一，詩的藝術語言：單就「藝術語言」來說，是泛指任何一門藝術，其「自己獨特的表現方式和手段」。例如繪畫的「線條、色彩、構圖等」。音樂的「旋律、和聲、節奏等」。以及文學的文字、符號、修辭等（註一八）。而詩屬文學，當然是以文字、符號等為詩的語言。「詩的語言是一種藝術的創造，與一般實用語言不同。詩語必需間接地領會吟賞」，「必須給人一種感受，一種情味」（註一九）。

一般來說，藝術語言主要在「用語言文字塑造形象，反映社會生活的美醜屬性，表現作者審美意識」，包括「情感、趣味、觀點、理想」等。（註二〇），「故凡表達獨到見解、真摯情懷、生動形象和感人畫面的語言，都是趣味語言」（註二一）。有「趣味」的語言，就有「情趣」和「意味」，「情趣是產生獨特魅力的重要因素」。而「意味」屬「詩味」，「意」而有「味」的詩，便可讓讀者慢慢咀嚼；

愈嚼愈有味，這就是詩之所以有魅力的根本原因。有意味的語言，能「供人回味深思」，但「無俗雅之分」（註二二）。例如：

一、臨刑詩 金聖嘆

蒼天為我報丁憂，萬里江山盡白頭；
明日太陽來弔孝，家家戶戶淚珠流。

二、夜播 坎貝爾（David Campbell）

哦，溫柔、溫柔的土地
你將生長出谷穗綠瑩瑩，
微亮替你鑲上花邊：
月光下休耕地起伏不平，
犁溝向茫茫的黑夜伸延。

這是播種的最好時節：
別人夫妻已雙雙安睡，
我深夜裡還在地裡操勞，
種子火星般四處蹦飛，

我看見黑夜在開始燃燒。
哦，溫柔的土地，我撒下
自己心田培育的穀種。
星星為我鬆土耙地，
夜霧送來滋潤的甘霖：
我與大地相會，懷著柔情。（李文俊譯）

這兩首詩，第一首《臨刑詩》，本無題目，是加上的。金聖歎乃明末長洲人，明亡後不願出仕。後因哭廟案被判斬刑。由於行刑當日天降大雪，感慨萬千而作此詩。本來「哭廟一件小事，居然演變成斷頭、抄家，是何等慘痛！」（註二三）。這首詩有氣慨，也有情趣。在臨死前吟出這樣的詩，不能不說他是奇才而有狂妄的個性。也許，這是他對當政者另一種方式的悲情抗議吧！

第二首《夜播》，作者為澳大利亞著名的學者。讀了這首詩，使人覺得「這是一幅美好的田園圖畫」。不僅很美，而且每段都有情趣。「微亮替你鑲上花邊」，「我看見黑夜在開始燃燒」，「星星為我鬆土耙地，夜露送來滋潤的甘霖」。意象新鮮，意境美妙。「在夜間播種的『我』一方面可以是任何實際意義上的播種者，另一方面又可以指像坎貝爾本人這樣辛勤的筆耕者」，「在夜深人靜時捕捉住心田培育的靈感的火花，將它們撒向人間」（註二四）。這已經成功地把詩的魅力散發出來！

二，詩的美感意象：從各種藝術的共同點來看，「藝術形象是藝術作品的核心」（註二五）。形象即詩的意象，詩的藝術語言是為塑造美感意象，意境意蘊藏在美感意象中。同時，詩的意象是來自詩人的「想像或聯想」，是把我們感官對事物的「印象」，「經過了詩人的思想和感情的淨濾後的創造」，亦即是把「印象」，「加以創造而再現出來的「形象」或「意象」（註二六）。意象（image）和形象（form）的差別：形象「是通過文字的概念而產生的感官感覺」。意象則「是通過文字而產生的記憶和聯想的圖式」。這圖式的「畫意」，「是詩人內心的美感，表現在文字間，才能引人入勝，發生共鳴」（註二七）。可見詩的意象之重要。

藝術美感的共鳴，是詩的意象產生「魅力」之條件。意象是否具有「藝術魅力」，還有賴詩人的「想像、創新」。「想像，是形象思維的核心」，「是外部生活與內心生活相結合所開放的花朵」（註二八）。想像貴在能突破「已有」，創造「未有」，因此「想像的突出作用，就在於創造」（註二九）。創造要「創新」，要創造出異於平常的「新奇」。「古今中外，一切優秀的藝術作品無不伴隨著新奇

的創造」。因此新奇，可說是「構成藝術魅力的最重要因素」（註三〇）

美感與魅力，本來就有不可分的關係；「美」中必有「魅」，「魅」中必含「美」。若將美化為「媚」而成「動態美」，則眉飛色舞，千姿百態，自然就產生魅力了。同時，「化美為媚」的「化」字，不是名詞或形容詞，而是「動詞」。「一首詩，是由一些詩的意象按照詩人的美學構思組合而成的，而真正能構成鮮明的化美為媚的意象的詞，主要是表動態的具象動詞」。因此要有意象的魅力，「煉動詞是最重要的一環」（註三一）。當然，情感是詩的靈魂，不管柔情或濃情，只要能用藝術的語言將其巧妙地表現出來，都可動人而有魅力。總之，化美為媚，創造新奇，是求得意象魅力的一個方向。現試舉數例：

一、對酒　秋　瑾

不惜千金買寶刀，貂裘換酒也堪豪。
一腔熱血勤珍重，灑去猶能化碧濤。

二、何事學牽牛　無名氏

滔滔河水向東流，難洗今朝滿面羞；
自愧妾身非織女，郎君何事學牽牛？

三、貓　法國·波特萊爾

來，我美麗的貓，在我渴戀的心上：
將你腳上尖爪藏隱，
你投我一片嬌美的目光，
是金屬和瑪瑙的光波所渾成。

我的手指隨意的撫摩
你的頭，你彈性的背，
觸著你身上雷氣的傳播，
我的手痴迷的沉醉。

我看我心中的女人，她的眼神
和你的極為相似
是槍的投刺，深奧而寒冷。

從頭顱一直到腳趾，
游走在琥珀的軀身，

是奇異的體香與迷人的妖氣。（覃子豪譯）

以上第一首詩《對酒》，是革命先烈秋瑾女士所寫。我之所以選此詩為例，主要在表示對她的敬佩。在那個專制時代，有這樣豪情的女俠，實在難得。讀到《對酒》，從那詩中所流露出來的豪情，真的令人非常感動。「寶刀」、「貂裘」、「熱血」、「碧濤」和「酒」，都是鮮明的意象。這些經過「動詞」的「買」、「換」，「一腔熱血勤珍重，灑去猶能化碧濤」，是何等的豪壯，使人不能不感動。這些實在是豪情所產生的「藝術魅力」所致。

第二首《何事學牽牛》，是來自一個故事，故事的主角是個好賭者，「他有一個文學底子極好的妻子。一日，此人輸得身上分文全無，於是腦筋一動，去偷了人家一頭牛」。但不幸「被人逮捕，拷打得皮破血流」，「有人告知他的妻子，前往營救」。他的妻子當場作了此「感人的七絕，居然就此獲得了釋放」（註三二）。這首詩對意象的運用十分巧妙，尤其把「牛郎織女」的愛情故事融入其中，有美感，也有情趣。因此作品的本身，自然就有魅力了。

第三首《貓》，是波特萊爾的名作，他「所要表現的意念，是人獸的混合的觀念，是靈與肉的象徵。以『金屬』和『瑪瑙』的比喻寫出了貓的目光之嬌美，意象極富色彩。由於隨意撫摩貓彈性的身軀，手則沉醉於貓身上的電氣傳播，暗示了人和獸接觸的潛意識」。「作者把貓象徵成了女人，也把女人象徵成了貓」。「全詩顯示出了一種『動的幻象』（Active Plentasy），這『動的幻象』之形成，是意象的充分呈現所致」（註三三）。所以這首詩有創新的構思，有化美為媚的描繪，更有「動的幻象」之美，確實具有「藝術的魅力」。

三，詩的意境意蘊：從時空的觀點來看，一首詩就是一個完美的世界。嚴格說，意境的世界不是主觀的「意」與客觀的「境」揉合而成。顯然，詩的「意境」，是指由詩人的「意識」所構成的精神世界。不過這詩人的意識，在運用時已不是原始意識，而是經過藝術化的「美感意象」。有的一個意象就是一個意境，可自成一個世界而是一首詩。有的則要好多個意象來組合，才能構成完美意境而寫成一首好詩。由此可見，意境大多由意象構成，「意境之形成，為意象之群的組合」。「一首詩就是一個世界，渾圓無缺，它雖小如露珠，卻有一個如星球一般的境界。意境就是統一與完整，也就是『美的，生動的全體』之構成」（註三四）。意境重在「創意」與「創境」，「所創造的應該是一種嶄新而引人玩味的美學秩序，而不是一般化形象的組合」，是「獨出心裁的藝術世界」，這個世界具有「獨創美」（註三五）。有了「獨創美」自然有藝術魅力。

那來自統一而完整的意境，有「內容與形式的統一」、有「感性與理性的統二」、也有「再現與表現的統一」。因此，它必然是一個「充滿了神奇魅力」、「一個豐富多采的大千世界」（註三六）。在這個藝術世界裡，更深深蘊藏著「發人深思的意蘊」。意蘊或可稱為「境界」，是「意象和意境的超越」。那些超越的「藝術意蘊」，是一些「更加形而上的東西，它是一種哲理或詩情，常常是只可意會，不可言傳」。「它需要欣賞者用自己的全部心靈去探究和領悟，它也是作品具有不朽的藝術魅力的根本原因」（註三七）。現舉例如下：

一、泛舟 朱　熹

昨夜江邊春水生，艨艟巨艦一毛輕；
向來枉費推移力，此日中流自在行。

二、悄聲細語，羞澀的呼吸 俄國・費　特

悄聲細語，羞澀的呼吸，
　夜鶯的啼鳴，
朦朦朧朧的小溪
　波光粼粼，
夜的光，夜的陰影

無窮無盡，
可愛的面龐，
神奇地變幻不定的
煙雲彌漫，玫瑰紅艷艷，
琥珀的光華，
又是熱吻，又是淚痕，
晨曦，啊，晨曦！（心聲譯）

三、霧　美國·桑德堡

霧來了
踏著小貓的腳步。
它坐在那兒俯瞰
海港和城市，
靜靜地蹲著
然後向前遊動。（申奧譯）

以上第一首詩《泛舟》，為朱熹所作。朱熹是宋朝大哲學家，對理學頗有研究。這首詩雖以泛舟為題材，其意象和意境都在表現「巨艦」與「江水」的互動關係，但其「意蘊」實際是在談理學。而「以舟比人，水喻理，泛舟則指人生」。在人生過程中，有理可走遍天下，無理則寸步難行，整首詩都在鼓勵人要遵守「以理行事」的道理。

第二首詩《悄聲細語，羞澀的呼吸》。這首詩有點像我國元朝馬致遠寫的《天淨沙》：枯藤老樹昏鴉／小橋流水人家／古道西風瘦馬。夕陽西下／斷腸人在天涯。其整首詩沒有一個真正的「動詞」。而是「用一系列名詞寫出了內容豐富的畫面」。寫月下談情而未寫「月色」，寫愛情也「不特別點明」。完全讓讀者從「悄聲細語、夜鶯的啼鳴、流水、波光、陰影和晨曦」中去自然感受：「愛情就像夜的聲音那樣的唯妙難以捉摸，又像月光那樣明白」（註三八）。寫實、寫意、寫景又抒情，其意蘊很有情趣又有魅力。

第三首詩《霧》，雖然只有短短幾句，但卻是一首頗有情趣的精品。詩人用「貓」來賦予霧的生命，而且以芝加哥的城市為背景，確實是一種創新的構思。開始一句「霧來了」，「淡淡一筆，動感油然而生，它的腳步像一隻貓那樣悄然無聲，亦動亦靜，以動顯靜」，實在很妙。而「對霧的形象描寫也體現著詩人巧妙的匠心。

『踏』、『坐』、『蹲』、『遊』，栩栩如生」。「由動而靜，再由靜而動，動靜相宜，情趣盎然」（註三九）。真是一首美妙的詩。

總之，一首詩必須包括藝術語言、美感意象、意境意蘊，最好的詩，語言必須有獨創性，意象必須能感人，意蘊要能發人深思。詩的內容和材料，不外與詩人的思想和情感有關，如何用藝術來將其「美化」，以使作品能產生藝術的光輝，那就必須遵守三個基本原則：「意美、音美、形美」。「意美以感心」，「音美以感耳」，「形美以感目」。這三美是一體的，必須能「誦之行雲流水，聽之金聲玉振，視之明霞散綺，講之剝繭抽絲」。所使用之語言要有趣味性，內含「趣味的思想、真切的感情、三美的條件」（註四〇）。這些都是產生「藝術魅力」的基本因素，若能將其巧妙運用，自然會讓你的作品有動感美的「媚力」。一首詩的精品，就像一位有魅力的美女，人人都愛看，人人都喜歡讀。你說對嗎？

二〇〇六年十二月二十一日。

附註

註一：詩美學——語言的煉金術。（李元洛著）

註二：詩論——結構密度大。（左海倫著）
註三：抽象藝術論——藝術的人文化。（趙雅博著）
註四：文學與生活——論自然美與藝術美。（李辰冬著）
註五：同註二——念天地之悠悠。
註六：藝術與美感——藝術創作與技術。（劉千美著）
註七：美學辭典——藝術。（王世德主編）
註八：同註六。
註九：同註六——現代藝術的意義與價值。
註一〇：美的探索——眞、善、美。（葉航著）
註一一：同註二——詩的起源。
註一二：愛在大腦深處——路中彎道。敞開的門。（Thomas Leuis. Fari Amini. Richard Lannon 合著。陳信宏譯）
註一三：藝術學概論——藝術的功用與藝術教育。（彭吉象著）
註一四：語言藝術妙趣百題——魅力。（彭華生著）
註一五：同註一三——藝術作品。
註一六：同註一四。

註一七：同註二——什麼是詩。
註一八：同註一三——藝術作品的層次。
註一九：同註二——日常用語的變形。
註二〇：同註七——文學。
註二一：趣味語言妙用——辨識瑰寶。（楊志岐著）
註二二：語意學——象徵與引喻。（謝康基著）
註二三：文學趣談——金聖歎的狂奇。（陶鼎尼著）
註二四：世界詩歌鑑賞大典——夜播。（辜正坤主編，楊國斌賞析）
註二五：同註一三——藝術形象。
註二六：論現代詩——意象。（覃子豪著）
註二七：同註二——節奏與形象。
註二八：同註一——詩人的美學素質。
註二九：同註一三——想像。
註三〇：同註一四——新奇。
註三一：同註一。
註三二：同註二三——好賭惹來的災禍。

註三三：同註二六。

註三四：同註二六——意境。

註三五：同註一——論詩的意境美。

註三六：同註一三——藝術作品的構成。

註三七：同註一三——藝術意蘊。

註三八：同註二四——悄聲細語，羞澀的呼吸。（傅品思賞析）

註三九：同註二四——霧。（劉晨鋒賞析）

註四〇：同註二一——奇想不奇。

三一、化瞬間爲永恒

——試談綠蒂詩的審美觀

綠蒂新詩集《存在美麗的瞬間》將在大陸出版，並同時舉辦「綠蒂作品研討會」。

接到此通知後，我取出綠蒂兄所贈《夏日山城》來參考，發現其中有一首「存在不一樣美麗的瞬間」，與即將出版的書名，除少了「不一樣」三字外，含意似乎完全一樣。因此我就以此論點為出發，來試談綠蒂詩的審美觀。

談到「美麗的瞬間」，我們不能不想到：短暫美與永恒美、絕對美與相對美、有限美與無限美、內在美與形式美等，而且美感經驗的人類，不僅有「感性」，更有「理性」，故若從「理性」觀點來看，美在我們大腦裡是一種「美的觀念」。若從「感性」觀點來看，則美在我們大腦裡，乃是一種「美的感覺」。根據柏拉圖（Plato B.C. 427-347）的「觀念論」，他認為「觀念本身是存在、是實有，是感覺物存在的根源」。亦即：「感覺世界之物之實在性之有無及多少都以分享觀念之實在性之程度為衡量、為準繩」。又說：「觀念是唯一的，分享觀念的感覺物卻是眾多的」。因此「感覺世界之物的美完全是相對的、易變的、不確定的及是短暫的。觀念美則是超時空的、永恆的、不變的、長久的，絕不因時、地、人而異」（註一）。由此可看出：「美的瞬間」或「瞬間之美」，不屬於絕對的觀念世界，而屬於相對的感覺世界。它們是短暫的、易變的，詩人如何來即時捕捉、如何來將「瞬間」化為「永恆」。這是藝術創作的根本問題。現在就根據作者的詩來探討：

存在不一樣美麗的瞬間

綠蒂

時間的運轉
以永不重複的齒輪
季節的更遞
恆是過去式的仿造

青鳥飛過
青鳥還在
鐘聲遠去

鐘聲還在
所見所聞　風花雪月
在展演的瞬間
即成過去
記憶是唯一的真實
意念是瞬間的不滅

所以要微密觀照
所以要心境清澄
從一砂　一葉
從一縷煙　一片雲
從一滴露珠　一朵寒梅
從一株欖仁樹　一隻五色鳥
從一道流動的河　以及
一片洶湧的東海
可見生命神秘的奧義

可溯宇宙不息的源頭

每天的日升月落
每回的風起雲湧
皆因感覺與文字不同的組合
而記憶
而存在
在不一樣美麗的瞬間

這首詩的「詩題」，已如前述，其所談的「瞬間美」，是屬於感覺世界的相對美，相對美來自觀念世界裡絕對美的實在性之分享。除此以外，作者還特別採用頗富哲學意味的「存在」一詞，來導引如何化「瞬間」的美為「永恆」的夢，以達到詩的藝術目的。

從存在哲學來看，我早在《中國人的存在哲學》一文中指出：「西方存在主義所追求者，是個人的真實存在，所強調者，是人有選擇自由。所謂『真實』即『誠』。中庸說：『誠者，天之道也；誠之者，人之道也』。義即自然的存在之道，在於真實。而人的存在之道，更在『誠之』以力求真實，才能實現個人的真實存在。」（註二）。這與柏拉圖的觀念論所說：「觀念本身是存在，是實有」，已顯示出「實有」即「誠」。且「誠」字除了有「實在性」之外，還包括各種不同存在的含義。

所謂「存在」，是一個名詞，也是一個動詞。以動詞來說：「存在乃本質之實現，本質之完成，本質之個體化」。以名詞來說：「存在不只包括合一性，也包括殊多性」，「有限定性，也趨向於不限定」。且「有限的存在」，皆有變化性」。而其所要實現、完成、個體化的「本質」又是什麼？概略言之，「本質」就是「使一物為此物而別於另一物的特性」（註三）。換句話說，本質也就是一物之「實有」，亦即含有「成」之基因的「誠」。因為宇宙萬物，都必須有「誠」之基因，才有「成」之結果。依此推論：玫瑰花之美，必含玫瑰花之美的「成」之基因的「誠」。牡丹花之美，必含牡丹花之美的「成」之基因的「誠」。所以「存在」一詞，不僅適用於觀念世界裡「共相」，也適用於感覺世界裡「殊相」。而且這也是由「殊相」到「共相」，或由「共相」到「殊相」的一條藝術大道。

這首詩一開頭就說：「時間的運轉／以永不重複的齒輪／季節的更遞／恆是過去式的仿造」。來指出我們存在的宇宙，一直在運轉。我們生活的世界，一直在變動。因此在這樣一個不息不止的時空裡，所有美的「意象」：青鳥、鐘聲、風花雪月，「在展演的瞬間，即成過去」。因此現在的「瞬間」，已不是過去的「瞬間」了。現在唯一存在的，只有真實的「記憶」。唯一不滅的，只有那起於瞬間的「意念」。這已充分證明了人生之無常。

在第三段裡告訴我們：一砂、一葉。一縷煙，一片雲。一滴露珠，一朵寒梅。一株欖仁樹，一隻五色鳥等等，都含有生命「神秘的奧義」，都可循此探究出宇宙「不息的源頭」。只要我們能以清澄的「心境」，用微密的「觀照」。此在說明：一首詩必需有最高的境界、最深入的意蘊。

詩的最後一段更明白說：「在不一樣美麗的瞬間」，如何來將「瞬間之美」，化為詩人「永恆的夢」。請看：，「每天的日升月落／每回的風起雲湧／皆因感覺與文字不同的組合／而記憶／而存在」。所謂「感覺」，即詩人的「美感經驗」。所謂「文字」，即詩人所運用的「語言符號」。兩者經過詩人藝術的巧妙組合，不僅可以記憶下來，存在下來；更可「實現」美的本質、「完成」美的本質而將美的本質「個體化」，以求能真正達到「化瞬間的美為永恆的夢」之理想境界。

當然，作者的詩，不只這一首，其他還有值得提出來研討的，現摘取幾首詩的詞句如下：

一

流金歲月消失在遺忘的深淵
瞬間的旅程卻烙印了永恒的保鮮期
東海千年的螺紋化石
蝕刻那夜風中的偶遇
更遞為亙古美麗的傳說（東海傳說）

二

今夜　我不必假設月亮
來梳理漂泊的長髮
也不必剪貼月亮
來裝飾視窗的風景（山寺秋月）

三

小亭擁有超能的容納
從仲夏的蟬嘶鳥鳴
到寺院鐘鼓的迴音
從幽微的月移花影
到暗夜的星光漁火

收納著
四季演繹遷徙的風景
浮雲遊子未捨的情懷
鷩豔五色鳥即興的演出
靜坐老藤椅二十多年的禪意（納風亭素描）

四

冷風沿雪飄忽在廣場周緣
未曾吹散友人的茶香與書味
抖落衣上沾雪
忽覺行囊沉甸
原來一不小心
把又濃又濕的雲
與離情一起塞入了歸程（北大訪友遇雪）

以上只不過隨便摘錄幾首詩的詞句，如永恆的「保鮮期」，「我不必假設月亮／來梳理漂泊的長髮」，把永久的新說成「保鮮期」。把漂泊的時間說成「漂泊的長髮」。又如「小亭擁有超能的容納」。容納了蟬嘶鳥鳴、鐘鼓迴音、月移花影、星光漁火。也收納著：四季風景、遊子情懷、五色鳥的即興演出，以及老藤椅多年的禪意，如此以亭子的「容納」，來代替對景物的「欣賞」，頗有創意。再如：「忽覺行囊沉甸／原來一不小心／把又濃又濕的雲／與離情一起塞入了歸程」。這些詞句，不僅「實現」了美的本質、「完成」了美的本質，也將美的本質一一「個體化」了。頗有創意，的確值得欣賞、玩味。

詩人所追求和要表現的美，應該是藝術之美。最好能昇華為「柏拉圖所謂的絕對美，是達到最高品質的形上極致之美」。「美在其最高形質中包容著真與善」，而「美的實質即是真，美的結果就是善。瞬間的美感在人內心留下終生難忘永不磨滅的記憶，在現實之前顯出了生命的高貴卓絕」。例如但丁（A. Dante），他「第一次看見碧翠斯時，她只是一個九歲的女孩」。九年後第二次與她再見面時，「她已結婚了」。雖然他們一生只見過兩次面，然在但丁內心，「卻永遠埋藏著一種高形式的柏拉圖式情戀。瞬間的美感使他做了一個永恆的愛之夢，虛構了一個終生堅信不渝的理想世界，結果他的確使這夢永垂不朽，他完成了《神曲》這一傑作」（註四）。所以如何「化瞬間的美為永恆的夢」？一直是詩人的重要課題。

二〇〇七年一月十四日晚，於楊梅。

三月十二日在北京現代文學館發表。

附註

註一：柏拉圖的哲學——觀念論。（曾仰如著）
註二：滑鼠之歌——中國人的存在哲學。（雪飛著）
註三：由存在到永恆——存在與本質。（李震著）
註四：美的探索——眞、善、美。（葉航著）

三二、仁性綻開的性愛花朵

——性愛花朵盛開滿園春色美景

我在寫「歷史進行曲」一詩時，寫到孔子的「仁性觀」，發現他對「仁」的解釋，不直接用「愛」，而要用「愛人」、「汎愛眾」等。雖兩者都發之於「愛」的感情，但「仁」更有深度，還內含「美」的密碼。

從「愛」與「仁」二字的結構來看，「愛」是以「心」為主，而「仁」則是以「人與人的關係」為著眼。前者的「愛」出之於內心的喜悅。後者的「仁」，則在實現最美的人與人的相處之道，此「道」即各種「人際愛」的總稱。可見孔子用「仁」的理想來概括人性，落實並發揮「愛」的精神，這不僅顯示中國文字有「美」的本質，更有藝術的運用之「妙」。

我們進一步來分析，「仁」字是由「二人」所構成，也可說是「人人」（人與人）所構成。換句話說，「仁」是「二人」之間的愛，也包括所有人與人之間的小愛或大愛。

尤其，從「二人」之「二」的筆畫來看，一短一長，似「易經」裡陰爻與陽爻，在象徵一男一女的「陰陽相配」，有儒家「五倫說」中的夫妻含義。亦即此「二人」之「仁」，實為「夫妻之愛」，此愛與其他人際關係的「仁」之愛所不同者，主要在其中含有美的「性愛密碼」（The secret code of sexual love）。因為「性愛」雖為人性中的一部分，但歷來多視其為個人「隱私」，不可對外直言。所以此「仁」的「二人」之愛，不能明言其為「性愛」，只好以象徵性的符號，來暗示其存在的事實。孔子對「仁」的解釋，雖僅止於「愛人」、「汎愛眾」，但並不表示他不重視夫妻間的「房中之事」。幸好人類在形成「人人」的多元社會之初，有亞當（Adam）與夏娃（Eve）的「性愛」來傳宗接代。否則人類早已滅亡，又那有其他各種人際關係之愛的出現，更不可能有人類文化之創造與發展。

根據科學研究，「結婚的人比較健康、快樂、長壽，生活也比較正常」。而「結婚的健康福利」，在其能享受滿足的「性福」。據「研究發現：那些結婚而每週有二次以上性高潮的人，比那些一週還做不到一次的人，遭受心臟病發作或腦中風的人數要低五成。」（註一）。「尤其是和一個互託終身的伴侶」，「進行考慮周到的性活動」，更是「有助於你身體與大腦的健康」。不僅長壽，還可「增強免疫系統功能」，少生病。有「抗癌潛力」。「提升年輕荷爾蒙」，「看起來更年輕」。可以「睡眠安穩」，「治療憂鬱」（註二）。尤其男女在性高潮和照顧孩子時，大腦都會分泌出催產素（Oxytocin，又名激乳素），此素被稱為「承諾神經調節器」，可使人類像「一夫一妻制的草原田鼠（Prairie vole）」一樣，男女結成夫妻後，就「此心不渝」，對於孩子，也能共同全心照顧。不花心直到白頭偕老。（註三）。所以勿論從人類生命的延續，文化的創造，和生活的美滿幸福各方面來看，「性愛」，不僅是人性的一部分，也是「仁性」不可缺少的根本。在人類的「五倫」關係中，若是沒有「夫妻」一倫之「性愛」，其他就不用說了。

根據艾福瑞·金賽博士（Dr. Alfred Kinsey）從一九四〇年到一九五〇年，在訪談千名人士中，有94%的男性和40%的女性，都表示曾有過「自慰」。後來另次調查，女性更增加到70%。（註四）。由此可見「性」的需要，在人類生活中是很普遍的。不過，有「性」無「愛」，「性」必然淪入一般所謂的庸俗。故必須「性愛合一」，或是「性」隱藏在「愛」中，才能登大雅之堂。現在先以一首詩，來揭開「性愛」話題的序幕：

性愛的花朵　　雪　飛

上帝已將性與愛
配成一對戀人
綻開出性愛的花朵
亞當與夏娃
首先創作了這首最美的詩
合唱這第一支
最有魅力的情歌

性愛的花朵
芬芳在空中自由飄蕩
愛最真，性最美
那散播在大地的種子
一粒接著一粒
不斷萌芽、成長
從此地球擁有了生命
花園、森林

把寂寞完全趕走

亞當和夏娃
共同創作的這第一首詩
以愛的藝術語言
性的熱情美的韻味
在原始裡山谷
在一幅潔白的絲綢上
共同描寫出
多彩的美的意象
構築了空中樓閣美的意境
一個夢的天堂

這第一支歌
是性與愛對唱的情歌
我不能沒有妳

妳不能失去了我
沒有愛的性
性便淪入庸俗
沒有性的愛
愛必走向貧血、單調
一板一眼缺乏自由、浪漫
生活便無情趣

性愛的花朵
來自愛與性的結合
是一對高貴的
不能分離的戀人

我雖然在《歷史進行曲》詩集的「自序」中，已經略談「性愛」問題，但那只是以遺傳學與優生學觀點，來強調「性愛」對延續人類生命的重要，而未作完整探討。現在為了澈底瞭解「性愛」的隱蔽性，在其隱蔽性中的密碼究竟是什麼？詩又應如何來解讀、翻譯此密碼？這些問題不能不進一步來探討。

一談到「性愛」，大家首先就想到性器官。一般人都以為，男女不同的下體就能盡「性」之全功。其實以人類來說，「腦才是性行為的指揮中心，也是最重要的性器」（註五）。不僅人類大腦裡思想和情感與「性愛」有連帶關係，尤其在人類大腦的腦下垂體前葉，可分泌性腺刺激素，包括濾泡刺激素（F. S. H.）、黃體生成激素（L. H.），來和女性的卵巢（Ovaries）及男性的睪丸（testes）中之荷爾蒙共同作戰。它們一方面可促成卵子（Ovum）成熟，精子（Sperm）產生，並讓兩者結合，以產生人類新的生命。一方面也使男人像男人、女人像女人；男的英俊，女的美麗；紅男綠女，都有「性愛」的魅力。

同時在人類大腦裡下視丘前端，還有決定男女性趣的「性雙態核」（sexual dimorphic nucleus SDN），此SDN男性比女性大二倍半，「故一般來說，男人的性趣比女性強烈」。其次，「不管男女，迫切的性興奮都是由睪丸酮素（testosterone）所引起，此睪丸酮素男女都會分泌」（註六）。其在血液中的濃度高低，更是能否引起「性」興奮的主要關鍵。

據說人在戀愛時，大腦裡還有一種特殊化學成分「苯乙胺（phenylethylamine），分泌出來讓你欣喜快樂，精力充沛。而含此成分最多者，是巧克力（註七）。所以當你談情說愛時，不妨帶盒巧克力。花前月下，親手把這份柔情送進愛人口中，既甜蜜又浪漫。

人之大腦，除了有主導「性」的機制外，還有維護人之生存的「爬蟲腦」（reptilian brain），有產生人之情感的「邊緣系統」（Limbic System），及提升人之抽象思維的「大腦新皮質」（neocortex）。它們是由上千億的「神經元」（neurons），及其「軸突」（axon）與「樹狀突」（dendrite）相互「突觸」（synapse）而構成其「神經網路」（neural network）。因為「突觸」的連接可因人、因事而改變，人的心智才有可塑性，才「具有適應與學習的能力」（註八）。

尤其「邊緣系統」所產生的複雜性的「情感」，「都是人類的驅動者及無所不在的引導者」，「即使大腦新皮質最索然無味的抽象概念，其核心也都充滿了情感」（註九）。而在愛、恨、高興或悲傷等各種不同的情感中，唯有「愛」是人類的「焦點」所在。因為人類必須「彼此依附」，若此「依附關係」斷絕，不僅不能維持「大腦的正常運作」，而對「情感平衡」也會造成嚴重傷害」（註一〇）。其能維護此「依附關係」者，主要是「愛」的力量。「愛」在大腦裡，可助人與人之間，彼此的「邊緣系統共鳴」（limbic resonance）、邊緣系統調節（limbic regulation）及「邊緣系統修正（limbic revision），也可以說，這三者，共同構成了我們的情感世界」（註一一）。因此「人與人建立了關係之後，頭腦便會互相影響，心也會互相改變」

（註一二）。若是「夫妻關係」，由「戀愛」（in love）建立了長期彼此「關愛」（loving）的情感世界，則在此屬於他們自己的世界中，「性」與「愛」結合而開出「性愛」的花朵，就是自然的必然了。

根據現代「單光子電腦斷層攝影」（single photon esission computed tomography SPECT），一項評估大腦血量與活動模式的核子醫學研究：「絕大多數的性愛其實是發生在腦中」，「你的大腦也是性高潮的場所，有些研究推測可能是在右半腦」（註一三）。「右半腦與宗教和性的狂喜都有關係」，因為它可協助我們處理音樂與韻律，和浪漫的舞蹈而帶來「喜樂與狂喜。所以當你與情人接吻時，最好吻他左側的身體，來「刺激其右半腦」，是最富性感的表現。（註一四）。

在這世界上，「許多宗教都在神聖的脈絡中討論性」，「性可以是一種神聖的作為。進入另一個人的身體，變成他或她的一部分，交換的並不只是體液而已，還有能量、思想與意圖。性交可以是一種宗教性的體驗」，所以印度教的瑜珈、藏傳佛教性活動的修練派，以及中國道教的「內丹陰陽雙修」等，無不在討論性對人體的保養問題。（註一五）。根據以上探討，的確「腦是最大的性器官」，只要正常運作，必能增進健康，獲得性滿足的幸福。

再從心理分析來看，佛洛伊德（Sigmand Frend, 1856-1939）認為：人之心理，是知覺系統所構成的「意識世界」。談到「意識」（consciousness），就不能忽略「記憶」（memory），神經生理學家黑林（Ewald Hering）說：「記憶將我們生命中無數的現象匯集而成一個整體」，「因此記憶的整合力量，也讓我們生命中的分分秒秒得以聚合成我們的意識。」（註一六）。可見「意識」是由各種「記憶」聚合而成。在人之大腦裡，有兩種記憶系統：一種叫外顯記憶（explicit memory）或陳述性記憶（declarative memory），「是有意識的蒐集各種事實、事件」。另一種叫內隱記憶（implicit memory）或程序性記憶（procedural memory），是意識下的「潛意識記憶」。（註一七）。尤其在外顯的陳述記憶中，人類還「把感覺變成符號和聲音」，用來發展成「語意記憶」，以提升了意識的深度和廣度。（註一八）。佛洛伊德認為：意識有外在可感知的「顯意識」（consciousness）、深層不可感知的「潛意識」（subconscious），這兩者間還存著在一個通道「前意識」（preconscious）。人有潛意識的「本我」（Id），顯意識的「自我」（Ego）。還有自我的分身「超我」（super-ego），源於自我的分化，來指導自我。（註一九）。

在以上三層意識中，「顯意識」雖然可以看見，但也只是海面上的冰山一角，那藏在水面下的「潛意識」才是絕大部分。同時「顯意識」的許多經驗記憶，不常用者自然就藏入「潛意識」備用了。再加上「潛意識」中本能與本我原有能量，其所藏就更可觀。所以它「具有無窮生命力，為人類精神活動提供了永不枯竭的能量。」（註二〇）。我們可取之不盡，用之不竭。

佛洛伊德根據人類兩大需求——食欲和愛，提出了「自我本能」（Ichtriebe）與「性本能」（Sexualtriebe）。他又認為兩者合一，就形成以「愛欲」（Eros）為核心的「生的本能」（Lebenstriebe），來對抗「死的本能」（Todestriebe）以解生命之謎。如此，那含有愛的性本能「力必多」（Libido），就是所有本能的動力與能量。即「性愛」的種子，一直都埋在我們的「潛意識」裡，詩人只要不斷在其中尋找靈感，發揮詩意的想像力，善用「自由聯想」（Free association），細心澆灌，終會開出美的性愛花朵。（註二一）。

古往今來，凡講究「性愛」者，莫不重視「性前準備」（readiness for sex），亦即所謂「前戲」（foreplay）。最常用者，是熱吻與撫愛。因為「嘴、唇以及舌頭是身體性感帶的一部分」。尤其「法國式的吻」，「在舌尖的領軍下，繞著愛人的舌頭滑行、撤退；再分別對她舌頭的側翼、舌腹，正面予以進攻。重覆、重覆、再重覆！」這真是「靈魂之吻」（註二二）。至於愛撫，則是用手或手指，在情人身上順暢滑行。以不同方式，來觸摸輕撫其興奮點，如乳頭、乳房，或胸部等，以挑逗起情趣。而「前戲」亦即中國的「戲道」，在中國也主張「先撫觸」、「敘綢繆、申繾綣」。且更加誇張說：「夫婦性事前的氣功導引」，可「令人長生不老」（註二三）。

前戲結束，正戲即將開鑼。在未按下那開鑼的「神奇按鈕」之前，讓我們先來欣賞一首俄國詩人費特的《悄聲細語，羞澀的呼吸》：

悄聲細語，羞澀的呼吸，
　夜鶯的啼鳴，
朦朦朧朧的小溪，
　波光粼粼，
夜的光，夜的陰影，
　無窮無盡，
神奇地變幻不定的，
　可愛的面龐，
煙雲彌漫，玫瑰紅艷艷，
　琥珀的光華，

又是熱吻，又是淚痕，

晨曦，啊，晨曦！（心聲譯）

這是一首愛情詩的傑作，全詩沒有用一個動詞。只用「悄聲細語、夜鶯的啼鳴、流水、波光、陰影和晨曦」等，來表現「愛情就像夜的聲音那樣唯妙，難以捉摸，又像月光那樣明白」（註二四）。不過，我們若從「羞澀的呼吸」、「神奇地變幻不定的可愛的面龐」、「又是熱吻、又是淚痕」之描寫，不難想像那是一個「性愛」之夜。所以末了才有「晨曦，啊，晨曦！」的「良宵苦短」之嘆。好了，我們現在就來按下那正戲開鑼之「神奇的按鈕」吧。

什麼是「神奇的按鈕」？這按鈕就是女性的「陰蒂」（clitoris），其芳名美化為可愛的「櫻桃」（cherry）。（cherry一詞，有的國家是用以指處女和處男）。根據研究，大半女性（約75%）都需要刺激這可愛的「櫻桃」，才能達到性高潮。所以它有「神奇的按鈕」之稱。（註二五）。

性高潮（orgasm）是帶來「性愛」滿足的主要條件，而這高潮的開關，也有人不必特意刺激，只要一想到就自動打開了。人類是有大腦的，為了更舒適、更愉快，更美，還發明了各種不同的姿勢，創造了各種不同的「性愛」藝術。不過在姿勢方面，仍以「愛神正看式」（Venus Observe），應是人類進化到比禽獸高貴的通用姿勢。（註二六）。由於「性」文化已發展到多彩多姿，目前的「性愛」藝術，除了順其自然的雲雨之歡外，其他還有「品玉」（drinking at the jade fountain）、「吹簫」（playing the flute）等許多種不同花樣。

若單就「性」的觀點來看，能達到「性高潮」，就是人之「性欲」的滿足了。不過這種滿足，只限於「肉體」，而對人之「精神」是否能滿足，還大有問題？因為「肉體」之欲屬「獸性」，而人已由「獸性」進化到更高層的「人性」了。「人性」的核心是什麼？根據佛洛伊德的分析，人之「性興奮不僅來自所謂的性部位，而且來自全身各器官」。因此他提出了「力必多」的能量說，宣稱此能量乃發於「自我原欲」（Ich-Libido）。並將此「肉欲」上升為精神的類似柏拉圖（Platon, 427 B.C.）所謂之「愛欲」（eros）。（註二七）。換句話說，「人性」的核心，有「肉欲」的「性」，更有「精神」的「愛」。這「性」與「愛」的價值，在其能合而為一之「性愛」。固然在人類的現實社會中，只有「性」而無「愛」（如性交易與強姦），或只有「愛」而無「性」（如博愛與兄弟之愛）的現象一直存在，但並不能抹殺其對人類的偉大貢獻。

人類最原始的「性愛」，始於亞當與夏娃，綻開了「性愛的花朵」，創作了第一首愛情詩。「愛」的純度最真，「性」的精度最美，故能繁衍人類生命，創造人類多彩多姿的文化。然而「性」與「愛」的能量，究竟孰重孰輕？根據「一份針對自認是『幸福夫妻』的一百對夫妻之調查顯示，有77%的太太和50%的先生表示，在性方面有些困難」（註二八），但他們仍自認很幸福，永不分離。這已明白告訴我們，「愛」的影響力大於「性」的能量。尤其「女性的情慾具擴散性而非集中在性器官」，它能「散播到身、心、靈」，特別是對自己孩子的「愛」的付出。」（註二九）。因此我們可以了解，很多女性，當她的「性愛」伴侶已不在了，她仍能堅守其伴侶的理念，努力奮鬥來完成他的理想。這些源自「性愛」的動人故事，就是一首首最美的詩篇。

佛洛伊德認為：「詩人的創作，其基礎都是以情欲為主導地位的隱蔽的無意識（潛意識）欲望」。其所說的「欲望」，實際就是「性欲」，亦即「性愛」之「欲」。但為什麼它是「隱蔽」的存放在「潛意識」裡，而有「密碼」的神秘性不能明說？佛洛伊德的解釋是：因為它是在「人的意識中不被社會所接受的衝動」。不能明說，只能「掩飾它們，賦予詩的幻想的形式」，來「引起人們的美的享受」。所以他高聲強調：「誰的想像力特別發達，誰就成為第一個詩人！」（註三〇）

其實我們進一步來探討，「性愛」之事說穿了！就是夫妻或愛人間的「房中性行為」，這類行為乃是「綜合挑逗刺激、神經傳導物質，性激素分泌及文化環境」

等共同來完成的（註三一）。由此可想像其情景必然多彩多姿，事實真相如何，只有當事人自知而不足為外人道。所以「性愛」的本質就是很難說明白的「密碼」。詩人要創作好的「性愛詩」，只能憑美的想像，加上詩的藝術語言，來將其翻譯、美化。亦即以「富有詩意的想像」，在意境上創造一個「新的美妙的世界」（註三二），這個世界是人人都喜歡的。

根據已有的，我手邊所能搜集到的顯著含有「性愛」的詩，歸納起來，其創作方法約有五類：

一，化俗為雅：在一般人印象中，總認為「性愛」庸俗，不能登「大雅」之堂。甚至在美國那個處處可見情人接吻的開放社會，當年（一九四八、一九五三）艾福瑞·金賽博士先後發表男性和女性「性行為」（Sexual Behavior）的著作時，還遭到眾議院組成特別委員會來調查、批評、攻訐。帶給他情緒及身體上的傷害，使他六十二歲就死了（註三三）。所以對於這類題材的詩，那個年代很少見。不過我們若肯定「擁抱親吻、身體愛撫」，實際就是以「美化」來顯示「性愛」的存在，則此即為最方便的「化俗為雅」的創作方法，也是詩人常用者。例如：

樂極　　印度·奈都夫人

遮掩我的兩眼，哦，我愛！

我的兩眼已疲於銳利的，
強烈的光一般的歡樂，
哦，把接吻來緘默我的嘴唇，
我的嘴唇已疲於歌曲。

庇護我的靈魂，哦，我愛！
我的靈魂已痛得傴僂，
愛的重負，像一朵花的嬌艷，
被雨點所摧打；
哦，庇護我的靈魂，把你的臉！（糜文開譯）

這首詩顯然在寫愛情的快樂，樂到了極點，所以題名「樂極」。樂得兩眼已疲於歡樂的強光，需要愛人的手來遮掩。樂得嘴唇已疲於情歌，需要愛人用接吻來緘默。而靈魂已因「愛的重負」，「痛得傴僂」。尤其「像一朵花的嬌艷，被雨點所摧打」，需要愛人用貼近的臉來保護。似在寫「性愛」後的溫情，但卻不提「性愛」二字。這真是以「化俗為雅」的手法，所繪出的一幅：最美的「性愛圖」，你說是嗎？

二，淨化美化：性愛詩的創作，不在「邪念」的渲染，而在表現「愛」的純真，「性」的精美。純真要無雜質，精美要去庸俗。純真來自詩人的心靈「淨化」，精美來自詩人的藝術「美化」。除去一切虛假，自然而無矯作。除去一切邪念，「性」而不淫。有將讀者「潛意識」裡「情欲」溶入「現實」，以導向藝術正軌的價值。這應是性愛詩創作的主要目的。若以此「創作觀」來看，我發現在中國古詩中，對這方面寫情寫意都有獨到者，首推白居易的《長恨歌》。這首詩我曾經介紹過，而現在主要是以「性愛」觀點來談。例如：

楊家有女初長成，養在深閨人未識。
天生麗質難自棄，一朝選在君王側。
回眸一笑百媚生，六宮粉黛無顏色。
春寒賜浴華清池，溫泉水滑洗凝脂。
侍兒扶起嬌無力，始是新承恩澤時。
雲鬢花顏金步搖，芙蓉帳暖度春宵。
春宵苦短日高起，從此君王不早朝……

這一段不只在介紹楊貴妃「天生麗質」的靜態美，也在描寫她「雲鬢花顏金步搖」的動態之嬌。尤其「芙蓉帳暖度春宵」，不僅把唐玄宗與楊貴妃兩人的「性愛」，以「度春宵」來美化了。也用「春宵苦短日高起，從此君主不早朝」，及類似的後續詩句，來強調他們的「愛」之純真，「性」之美滿。不過也正因為他們的情意纏綿，誤了國家大事，而帶來了悲劇：

六軍不發無奈何，宛轉蛾眉馬前死。
花鈿委地無人收，翠翹金雀玉搔頭。
君王掩面救不得，回看血淚相和流。……

從此，唐玄宗與楊貴妃，一在人間，一在天上。唐玄宗回宮後，「睹物思人，觸景生情」，朝朝暮暮，思念不已。而楊貴妃在天上，作者還運用想像的神話，説有一道士幫唐玄宗找楊貴妃，後來「在海上虛無縹緲的仙山上找到了」，「讓她以『玉容寂寞淚闌干，梨花一枝春帶雨』的形象在仙境中出現」（註三四），這不僅寫出了她的寂寞愁容之美，更寫出了她對唐玄宗依然是一往情深。這首詩若不以政治觀點來看，而以純文藝角度來欣賞，確是一首「淨化美化」的「性愛」好詩。

三，象徵借代：象徵是寫詩常用手法，一般的詩多採用。其意主要在「託義於物」。「是用一個具體的事物來暗示一種意義，和那實物並無直接關係」，只有「弦外之音」、「言外之意」。其法又有「明徵」與「暗徵」之別。（註三五）。而「性愛」詩的創作，自以「暗徵」為宜。

至於「借代」，又叫「換名、代稱，替代或代替」，其所以要用「借代」，主要是因在「文詞的表達上，有非得如此的需要。」（註三六）。而「性愛」詩的創作，正是不得不如此。所謂「借代」，即以「借體」來代替不在文中出現的「本體」。例如：

1. 清平調（二） 李 白

一枝紅豔露凝香，雲雨巫山枉斷腸。
借問漢宮誰得似？可憐飛燕倚新妝。

2. 趕走寂寞的密碼 雪 飛

人之一生，難免
花前月下或烽火歲月
記憶裡總有些存檔
是珍藏的密碼

上次妳送我巧克力
今宵妳獻上一顆櫻桃
大腦裡細胞興奮

鮮紅的櫻桃更甜美

妳吹簫
我啜飲玉液瓊漿
讓我們一起來欣賞品嚐
共度今夜良宵

明早醒來
相視一笑不再提昨夜
妳懂，我知
把密碼永遠珍藏

二〇〇七年五月二十一日。

以上第一首詩，其中「雲雨巫山枉斷腸」，是李白利用楚襄王與巫山神女，在夢中「歡會」的故事，來指出女神雖有令楚襄王「斷腸」之美，但和楊貴妃相比還是「枉然」，沒有得比。而「雲雨」的意象，很顯然是在象徵男女的「性愛」。「巫山」是「神女」的「借代」，在此更提升了「象徵」的詩味。

第二首《趕走寂寞的密碼》，是本人的試作。詩中之「櫻桃」、「吹簫」、「品玉」，都是「代體」；代替「性愛」、「陰蒂」、「口交」之「本體」。其中第三段開頭兩句，本來是「妳愛吹出悠揚的簫聲，我喜歡妳斟滿的玉液瓊漿」。後來我想到，「代體」最好不要露出「本體」任何痕跡，因此改成「妳吹簫，我啜飲玉液瓊漿」。而最後一段第二句末，將「滿足在心頭」改成「不再提昨夜」，其原因也在此。不過，我要特別指出，這首詩主要目的，在例證「借代」的修辭法，不在認同「口交」。因「口交」事實上不衛生且違反自然，副作用還很多。

四，器官表演：人體器官，各有其不同機能。有與生活有關者，有與感情有關者。有與「性」有關者，有與「性」無關者。寫詩若讓它們直接來表演，似更能發揮其藝術效果。例如：

舌的舞蹈　林宗源

無話無句的舌跳舞
泳拖沙吞吐的步數
彼是通去愛的藝術
刻骨消魂心心的相印

舌卷起泳咧舐石頭的情
舌舞著巴黎舞美妙的韻律
一泳一波酥酥酥的激情
舌嗍去厚眉角的石頭
舌舞佇海綿的舞台
彼才是愛你入骨神化的境界

舌的舞蹈正是舌的語言
無聲勝有聲天籟的意愛
豈不是上醉上茫的極點
心心相疊入骨消魂的愛

這首詩為台語「性愛詩」，乃創導台語寫詩，也是最先出版「性愛詩集」的林宗源先生所寫。主要在運用「舌頭」與「海綿的舞台」一起來表演。首先指出，那無言的「泳拖沙吞吐」各種浪漫的舞步，是通往「愛」的藝術，其魅力能使人「刻骨消魂」。接下來說，那波動的舌頭，要挑逗「石頭」無動於衷的「情」，因而「舞著巴黎舞美妙的韻律」，加上「海綿的舞台」配合，就帶來性高潮發出「酥酥酥」

的「激情」聲。「彼才是愛你如骨神化的境界」。末了還說：那無聲的「天籟」之愛意，真使人陶醉到極點！心心相印，已獲得了「入骨消魂的愛」。在這首詩中，除了「舌頭」是很敏感的器官，「海綿的舞台」更吸引人，更是具有魅力的「催情者」。

五，大膽直說：在這二十一世紀科學最進步的時代，以前不瞭解的，現在已知道。以前神秘莫測的，現在已露出真面目。人類的大腦已完全解放，一切都步上了新的軌道。只要是事實，經過科學驗證，有什麼不敢直說？尤其詩人的想像和聯想，更可盡量自由發揮。對「性愛」的花樣百出，必能給詩人帶來許多新的靈感，可大膽一吐為快。例如：

繆司　　英國女詩人，裘·夏卜柯

當我親吻你身體所有關節
摺疊之處，你發出似狗嗥的噪音
如同夢著，夢著在做長距離狂奔
以回應他荷爾蒙的刺激
越過填土的荒地，奔跑、奔跑

隨著太明顯的嗅跡，越過山巔和海岸
但一路抬著頭，露著鼻
在空氣裡，因為他喜歡這樣
且必須出發。而我則要吻得更深
更慢——你的頭，你的臂彎
你的腳趾縫，你膝蓋
的暗處，和你鼠蹊的白色角落
直到你乖乖躺下，因為只有這時
我才可能讓那要命話兒進到嘴裡。

這首詩，是南方朔先生在「中央副刊」所介紹。他認為裘・夏卜柯（Joe Shapcott, 1951）這首詩，非常反諷。把男人仰摹和性幻想的女繆司，顛倒成男繆司反成女人挑情的對象，並將其「故意戲劇化」。讓女人「藉著親吻男繆司全身最敏感的部位，讓男子顯露出似狗般的慾情。在這首詩裡，她把『繆司』的情慾意象做了很誇張的處理」，「不但讓人莞爾，甚至還有點讓人想爆笑」（註三七）。所以「大膽直說」，已成了這首有「性愛」意味的詩之特點。

從以上探討，「性愛詩」的創作方法有：化俗為雅、淨化美化、象徵借代、器官表演、大膽直說。尤其「性愛」的價值，不僅在延續人類生命，為人類生活帶來性福快樂，根據研究發現，其對人的健康也非常重要。因為「結婚的人比較健康、快樂、長壽，生活也比較正常」（註三八）。

不過，若「性和性文化的扭曲」，造成「性的畸變和兩性的浮躁、扭曲、裂變、尷尬」，就非人類之福了！詩人不能不關心，創作偉大的詩篇來喚醒人類。所以「性」，是目前中國詩壇的拓荒者必須傾心關注的一個重要區域」（註三九）。若再回頭來看「詩的性愛密碼」，事實上這類密碼每個人都有，在人之「潛意識」裡，真是多彩多姿，今後就要看詩人的努力了。最後附上本人在《雪飛世紀詩選》裡一首拙作，供參考：

寂寞的蛇　　雪　飛

一條寂寞的蛇
盤踞在妳寂寞心中
如在深閨
穿著繡花內衣的
美麗少女

睜著失眠雙眼
吐著無聊的
長長的情慾之信號
慵懶而饑渴地
望著深閨的窗外

當那煽情的
略帶磁性的笛音
從森林裡展翅飛來
在月下挑逗時
它勿需，收音的貝殼
只用獵音雙瞳
便可捕捉，捕捉到
那挑逗的音波

不再慵懶

立刻扭動柔軟的蛇腰
它迅速游出深閨
投入那神秘的森林
在牡丹花下
和自己的情慾
糾纏出，一條小溪
一顆星星……

其實，說到「密碼」，不僅「性愛詩」常有，其他「非性愛詩」，能傳之久遠者也多有其存在。例如中國傳統詩裡柳宗元的「江雪」：

千山鳥飛絕，萬徑人蹤滅。
孤舟簑笠翁，獨釣寒江雪。

這首詩很短，前兩句寫「景」，後兩句寫景中「主角」垂釣，確是一首具有意象美和意境美的好詩。不過若進一步來探討，在那意境背後，作者所要表達的究竟是什麼？是孤單、寂寞、無聊？還是清高、雅興、自傲？或者更有深度，在表現人類生活中最高的理想——心靈自由？（註四〇）。因此這首詩的意境中之「密碼」，恐怕只有作者自己才清楚。可見詩除貴有意義、意境外，主要還在詩人所要表達的「密碼」是什麼。所以勿論性愛或非性愛的詩，事實上都含有作者所珍惜的「意蘊」（密碼）。

解開仁性密碼，大腦別有洞天。

性愛花朵盛開，滿園春色美景。

二〇〇七年八月三日，完稿。

二〇〇八年八月二三日定稿。

附註

註一：活用你的腦力——結婚與男女的健康。（林天送著）

註二：滿腦子都是性感——第一章。（Daniel G. Amen 著，王惟芬譯）

註三：改變是大腦的天性——喜好和愛的學習。（Norman Doidge 著，洪蘭譯）

註四：金賽性學新報告——成人必備的性知識。（June M. Reinisch Ph. D.與 Ruth Beasley M.L.S.作。王瑞淇、莊雅旭、莊弘毅、張鳳琴譯）

註五：同註一——想做愛的腦。

註六：同註五。

註七：同註四——浪漫愛和同伴愛。

註八：愛在大腦深處——大腦基本構造及重力的化身。（作者Thomas Lewis and Fari Amini。陳信宏譯）

註九：同註八——阿基米德原理。

註一〇：同註八——更爲兇猛的大海、生命之書。

註一一：同註八——敞開的門。

註一二：同註八——路中彎道。

註一三：同註二——神啊！性是一種宗教體驗。

註一四：同註一三。

註一五：同註一三。

註一六：同註八——重力的化身。

註一七：同註三——第九章。

註一八：記憶的秘密——從吱吱喳喳到語法。（Rebecca Rupp著，洪蘭譯）

註一九：美學辭典——弗洛依德。（周平作。木鐸出版）

註二〇：西洋哲學三百題——弗洛伊德的基本觀點是什麼。（主編陳志良，東輝作）

註二一：弗洛伊德——本能論及論藝術創作。（陳小文著）

註二二：A.同註四——伴侶之間的性。
B.高度性機密——接吻。（Susan Crain Bakos 著，蔡志賢譯）
註二三：性愛養生要訣——古代性醫學探源。（王明輝、金杰輝編著）
註二四：世界詩歌鑑賞大典——費特的詩解析。（辜正坤主編。傳品思作）
註二五：同註四——女性生殖器及女性高潮。
註二六：性心理學——性的生物學。（Havelock Ellis 著，潘光旦譯）
註二七：同註二一——本能論。
註二八：同註四——吸引力，愛與誓約，性功能障礙面面觀。
註二九：把 x 放回 Sex 裡——愛慾轉向。（Esther Perel 著，陳正芬譯）
註三〇：同註二一——參考「論藝術創作」。
註三一：同註五。
註三二：同註二一——論藝術創作。
註三三：同註四——導論。
註三四：唐詩新賞——白居易。（張淑瓊主編）
註三五：實用修辭學——象徵。（黃麗貞著）
註三六：同註三五。

註三七：中央副刊——被顛覆的繆司意象。（南方朔作 94.4.14）

註三八：同註一。

註三九：詩，林家的——走尋意愛的插座。（羊羽作）

註四〇：詩論——《江雪》賞析。（左海倫著）

三三、詩的造形藝術

詩是一種藝術，藝術的主要特徵是具有「形象性」。因此詩的創作，首要在運用「藝術語言」來塑造形象。而藝術語言各有不同，如繪畫是線條、色彩。音樂是旋律、節奏。詩，則為文字。故詩的造形，和其他文學作品一樣，都是語言文字的運用。並藉以「反映社會生活的美醜屬性，表現作者的審美意識」（註一）。換句話說，詩是利用書面的語言文字，來塑造感性的形象，以表現作者的思想、感情和想像。同時，「為了表現詩人強烈的情感和豐富的想像」，「特別注意運用優美的語言來創造情景交融的意境」。所以就形象的塑造來說，詩不僅是一種「造形藝術」，而其所使用的語言，更是「一切文學作品中最凝煉、最優美、最富有音樂的語言」（註二）。

的確，詩「最顯著的特技，是飽含著詩人豐富的想像和情感。要求詩人將自己的，既反映一定現實的感性形象，又包含著強烈思想情感的各種審美意象，在短小的篇幅中，加以高度濃縮和組合，熔成一種情景交融的意境」（註三）。所以在一首詩的形式和內容裡，每一個字每一個詞，無處不含有那屬於詩人自己的想像和情感。

詩的造形藝術，不是複製已有的，而是要創造未有的。由於「人類的一切創造，都含有想像的作用，文藝創作尤其是這樣的」。所以「想像是詩人（包括一切文學藝術家）不可或缺的藝術氣質」（註四）。

所謂「想像」，是「人腦在改造記憶表象的基礎上創造新形象的心理過程」。換句話說，其想像的成品，「都是已有的記憶表象經過人腦的加工改造後形成的」（註五）。故想像不是空想，不是胡思亂想，而是植根於真實生活，來自於經驗過的「記憶表象」的「審美想像」。

審美想像有兩種：一種是使用於欣賞作品的「再造性想像」。一種是運用於藝術創作的「創造性想像」。前者是在「閱讀作品時，通過第二信號系統，根據作品對形象的詞語表述，在腦中重見這一事物的形象」。後者則是「通過積極的記憶聯想活動，將原有的審美表象生發開去，補充或重新加工組合創造出新的形象」。因此，「沒有想像，就沒有藝術創造，也沒有豐富的審美欣賞」（註六）。

想像是一種自由思維的心理活動，只要想像一展開翅膀飛翔，就可隨著「聯想」

的意之所指，抓住「幻想」的影之一現，飛向過去未來，深入天涯海角，不管那是物質世界，或精神領域，只要有記憶「表象」的存在，想像就能穿梭其間，按照主體的審美理想，自由選擇、調動記憶中的「表象」，或延伸其意、或重新組合以創造新的形象。所以「沒有想像，就沒有藝術創造，也沒有豐富的審美欣賞」（註七）。尤其對詩的語言之運用，「想像力愈強，意義就愈豐富」（註八）。

詩的審美想像，在完成可感的造形美。故詩的創作，是動之以情，不是說之以理。「詩不能沒有感情，就如同江河不能沒有水，大氣中不能沒有氣」。也「唯有情，才能使詩人展開想像的羽翼去鏤繪意境；唯有情，詩篇才能以澎湃的詩意直接衝擊人心」，來感人、動人（註九）。且情感必須真摯，「沒有真摯的感情，不會產生偉大的文學、偉大的詩篇的」（註一〇）。因為「情感是藝術的生命。真摯優美的抒情，能使作品產生強烈的藝術感染力，給人以美感」（註一一）。所以詩的美感，也來自真摯的情感。

總之，詩是抒情的造形藝術，以語言文字來塑造形象，以藝術想像來美化形象。將詩人審美的意識、真摯的情感，化為不朽的傑作，完成偉大的詩篇，才能流傳千秋萬世。

二〇〇三，六，二八，晚。

附註

註一：美學辭典——文學。（范奇龍。王一川作）
註二：藝術學概論——詩歌。（彭吉象著）
註三：同註一——詩歌。（周平作）
註四：詩的技巧——想像。（謝文利、曹長青著）
註五：語言藝術妙趣百題——想像。（彭華生著）
註六：同註一——審美想像。（喬靖、周述成作）
註七：同註六。
註八：語意學——激情的呼告。（謝康基著）
註九：同註四——感情。
註一〇：同註八。
註一一：同註一——抒情。（左孝本作）

三四、寫海不是海

一首寫海不是海的詩，是我的近作。題目為《沉默的布洛卡海》，先後在《秋水》及高雄縣《醫師會誌》發表。後者為最後修改的定稿。其原文為：

夜已趕走了陽光／黑暗使妳沉默／緊閉波與浪的雙唇／深海裡心事無法開口傾吐／那語言的信號／已經在海底埋葬

海面一片寧靜／只有幾尾不會說話的魚／還在水裡逗留／天空只剩一朵雲／還牽著微風的小手

妳不斷呼出海的氣息／也許是愛的信號／仍在妳耳邊的網路流動／也許是一首難忘的歌／一曲管弦樂的旋律／還在那潘朵拉盒子裡／同精靈們一起舞蹈

沒有一隻信鴿／送來上帝的消息／沒有一對活潑的海燕／含來呢喃種子／灑在這靜靜的海上／我在海邊等待，等待妳／啓動波與浪的雙唇／來告訴我海底裡心事

所謂「布洛卡海」，是指人類大腦新皮質的「布洛卡區（Broca's area）」，為

語言區之一。若受損，病人雖能懂別人說話的語意，但不能說話以表達己意。而另一語言區名「威尼克區（Wernick's area）」，正相反，該區若受損，則病人雖能說話以表達己意，但卻不瞭解別人說話的意思。因此這首詩所說的「海」，是一種「區」的「象徵」。完全以象徵的手法，來完成這首詩的創作。

由於妻患肺癌，一年前又轉移腦部，雖經多次光子刀、手術及化療，但不僅未有起色。且漸意識不清，不能言語，亦不能起床行動。回憶妻自發病至今已五年多，每晚坐在妻病榻前，百感交集，因此而有這首詩的創作。雖非理想作品，但可說明近幾年來個人創作減少原因。

這首詩在高雄縣《醫師會誌》發表時，承總編輯林景星醫師在「編後語」中祝福：「孫健吾醫師（筆名雪飛），在〈沉默的布洛卡海〉詩中，傾訴對愛妻的最深沉的思念與愛意。令人感動心酸。祝福她早日康復，讓信鴿傳來上帝的信息，讓海燕含來呢喃的種子，讓波與浪的雙唇早日啓動，編織一首愛與生命的樂章」。特在此致謝。

二〇〇四，一〇，一〇晚。

三五、享受一餐心靈的森林浴

二〇〇七年元月七日上午，應邀參加林家詩社主辦《森，林的家》詩集發表會及現代詩人聯誼會，從板橋林家花園活動，到會後獨自欣賞該詩集，真像享受了一餐精美的森林浴。

上午的活動，在「定靜堂」前舉行。大家散坐在園內，一邊喝飲料，一邊聽主席致詞、介紹，林家詩社同仁發表感想，與會詩人談詩、吟詩、朗誦詩。在空氣中，真像流動著芬多精濃濃的馥郁芳香。尤其在會後獨自閱讀該詩集時，詩中所營造的意境，更是充滿著如此的芬芳。

這本詩集，有詩有畫；詩是多元的，畫是富於意味的。真像一個流動著芬多精之香的森林，上有喬木叢生，樹冠互相連接。下有灌木及草木植物。而那些富有意味的，林煥彰的撕貼畫，更像森林地面上的苔蘚、菌類和小動物。因此在森林的空氣中，不僅充滿芳香，而整個森林，也更有生氣。

在詩集裡第一首詩，是社長林宗源作品：《生命的面相》。因為林先生是「最早創導以母語寫詩，並為推進母語文學和台語文學的發展作了畢生努力和傑出貢獻的」，一位大師。（註一）。現摘錄其中數句如下：

上深的愛

無時間及空間的存生
上重的恨
無靈及肉的存在

我干乾是一粒細胞

活佇地球
無喜怒哀樂的感覺
活佇宇宙
無生老病死的感覺

我干乾是一粒無相……

從這短短的數句中，我們不僅嘗到了詩的台語味，而且更表現出作者對生命的超越觀：超越時空、超越靈肉、超越所有人生的喜怒哀樂、生老病死，可見其浪漫色彩。

接下來是林錫嘉作品：《蓮花傷》。蓮花似乎有象徵佛教「慈悲為懷」的意味，一位有慈悲心的「阿嬷」照顧自己可愛的孫兒，何以會在寶寶臉上造成一道蓮花傷呢？這個問題卻演變成孫兒的媽與阿嬷婆媳間的誤會：媽媽「抱起寶寶／衝到婆婆房間／遠處有隱約的雷聲／悶悶的鼓動著」。後來婆婆才發現：是媳婦自己用過一條繡有蓮花的新毛巾，在替寶寶洗臉時所造成，其答案在詩的最後兩段：

「是用這條毛巾洗的？」
「是我想用新的比較乾淨。」
媳婦用年輕的知識說
「毛巾上這種粗硬的線頭，
很容易傷到嬰兒細嫩的皮膚」

接過婆婆手上的新毛巾
赫然發現蓮花背面

還黏著硬硬的白紙
媳婦靦腆的低下頭
眼光正好落在
那雙乾皺的老手上
「婆婆真的有一雙
貼心溫柔的老手。」

這首詩原文很長，屬敘事詩，不過從這最後兩段中，如「用新的比較乾淨」。「媳婦用年輕的知識說」。「婆婆真的有一雙／貼心溫柔的老手」。不難看出，其中含有新知識與舊思想的差別問題，青年人與老年人的觀念問題。這些應該是整首詩的意蘊吧！

隨後是林煥彰作品，全是短詩。從《我的一生》到《天地與我》，一共八首。作者的短詩，來自他主張「寫六行以內的小詩」。現在，就以這兩首詩為例：

一、我的一生　林煥彰

每天晚上，都向自己說
再見！
每天早晨，再向自己說

早安！

一生，在悲與喜之間

擺盪！

二、天地與我 林煥彰

我把天地打開，
用我在天地之間
寫了一個字；

我把天地合起來，
夾著一本黑色封面的詩集
走進未來。

以上兩首詩，雖然每首只有六行，但卻真正做到了：他所贊同德國現代主義建築大師密斯凡德羅（Mies Vander Rohe）有名的「少即是多」（Less is more）的理論。（註二）。一首詩在短短的六行內，能給予讀者無限的聯想和想像空間。主要在其從事物的內在「真實性」，開創一個富於哲思的超越境界。我閱讀其大作《從

「一」開始》，文末他還提到，他「至今還未有一行的作品」。因此使我想到一句：「浪漫留戀在負離子的森林」。這算不算一行詩，或者只能作一個謎語的謎題？

其他文林、莫非，都是我已經認識的詩友。詩集中文林的詩，有異鄉情，因為他常在國外走動。莫非的詩充滿抒情美感，因為他本來就擅長抒情詩創作。現例舉如後：

一、異鄉雨　文　林

昨日單衣
今晨夾克
原來秋雨光臨

公車漸慢
路漸昏暗
黃葉也落得無精打彩

雨不大
為何緊拉大衣

緊縮頭
台北的雨
好像沒那麼冷

二、離去　莫　非

看著你撥弄弦琴，低吟
曾經哀傷的往事，揮手
離去，我們的記憶
在你歌聲裡
鋪成綿延婉約的小徑
再唱幾個高音符
連山谷也忍不住泣聲回應（第二段）
所有的記憶敞開著
任由你的歌聲洗滌
衝刷我們塵囂之心

於無可預知的光年
匆匆寫下：
莫離去，離去的不是
你迷人的歌唱
只是不再回首的年華（第四段）

除了以上的作品，其他詩的作者，都是我以前不認識的朋友。但他們每個人的詩，都各有情趣，值得欣賞。如莫渝的《給我一張夢的入境證》。林先龍的《海邊印象》。林文義的《冷藍》。阿鈍的《兩個傳說》。方群的《航向，夜的淡水》。林群盛的《學》。黑俠的《心事》。林立婕的《鏡花水月》。阿讓的《山陰》。林佳儀的《讀詩》。巫時的《記事》。尤其林世仁的圖象詩《心的秘密》、《師徒對話》。以及林德俊的《花花時間》，都頗有創意。總之這本集子裡每首詩，都像一棵枝葉茂盛的樹，加上林煥彰那些像森林地面上的苔蘚、菌類和小動物等之撕貼畫，使整個森林，散發出芬多精的芳香，展演出多彩的情趣。我們浪漫其間，真像在享受一餐，有益心靈健康的森林浴。

二〇〇七年一月二十日。

附註

註一：夢想或超越現實：共滿腹的墨吐成彩色的天。（江天作）

註二：從「一」開始。（林煥彰作）

三六、愛在大腦裡，美在生活中

各位女士、先生！

很高興你們共同來參加這次盛會。今天我要報告的題目是「愛在大腦裡，美在生活中」。現在我們人類之所以有萬物中最完美的身體和大腦，以及我們擁有一個最適合人類生活的美麗的地球，絕不是隨便得來，而事實是經過一百三十億年以上之演化、傳承，闖過無數次「天擇」的嚴格把關，才有今天的你和我。

根據科學的研究與推測，這無邊的宇宙本來是空無一物，開始是由於一次「大霹靂」的爆炸，才有最小的物質粒子夸克，內含輕子、玻色子等的電磁性，規範性或傳遞性，經過強作用力、弱作用力、電磁力和重力（萬有引力）等作用，使不同的夸克與夸克配合而成質子，質子與質子配合而成原子核，原子核的配合而成原子，原子的配合而成分子，由有機分子 DNA 的雙螺旋配對，地球上才有生命的出現，才有今天的動植物與人類。

我們所居住的地球，不過是圍繞太陽的九大行星之一。而太陽乃銀河系中一顆恆星，也只不過是四千億顆不同種類的恆星之一。不少恆星都有行星圍繞，根據科學探討，距地球最近的行星，金星太熱，火星又太冷，只有地球最適合動植物與人類居住，所以我們應該特別珍惜。

根據科學探討，在生物演化的過程，雖然早在一億年以前，就已出現了爬蟲動物的情感先驅「爬蟲腦」，但一直到百萬年前，包括情感機制的整個人類大腦，才算演化完成。這是一套精密而完美的，神經元加神經網路。在這套設計中，有掌管意識的大腦新皮質，有發動情感的大腦邊緣系統、更有儲存經驗的「外顯記憶」和「內隱記憶」的互補功能。這套設計開始運作，就是「人擇」的起點。

在人類大腦裡，有數千億神經元，及其相互連接的神經網路，此網路又名「平行分布處理系統」。其活動每分鐘有百萬次，在大腦新皮質者，能將事物轉變成意識，構成抽象的思想世界。在大腦邊緣系統者，是複雜情感的產生中心，建立了七彩的情感世界。除了意識與情感外，還有記憶，在大腦裡建構了另一個廣大的天地。這「意識」、「情感」、「記憶」，已在人類大腦裡，共同建立了一個超物質的，新的精神宇宙。

在這個精神宇宙裡，亦如自然的太陽系，必須有太陽高掛天空，有太陽的光和熱，來將其活化，美化。精神宇宙裡意識、情感、記憶，才能不斷演化、旋轉，創造出多彩多姿的美的意境。那個太陽是什麼?就是深藏在我們大腦裡一個「愛」字。在人之大腦裡不可一日無愛，如地球上的生命不可一日無太陽的光和熱。現在讓我們回頭來探討我們所處的自然宇宙，之所以能不斷演化、傳承，主要在有各種作用力、電磁力、萬有引力等，才能不斷演化，最後在人之大腦裡出現了一個「愛」字。換句話說，以上不同的各種力，都可總名之為「愛」的親和力。否則現在的宇宙，必是一團混亂，毫無秩序。因此，不僅人的大腦裡不能無「愛」，整個自然宇宙，也同樣不能缺少愛。

人是群居動物，最怕孤獨。從出生到老死，都不能脱離愛的依附關係，嬰兒時期，若無愛的照顧，根本不能存活。長大成年後，青年、中年、老年，都必須有愛的陪伴，才能生活得愉快而幸福。因為人在嬰兒期，我們大腦裡邊緣系統，就已建立了一套愛的程式，包括愛的「共鳴」、愛的「調節」、愛的「修正」。人性的發展，就是根據這個程式。這套程式一旦被破壞，人就沒有什麼賴以為生了。

根據醫學研究，人若失去所深愛的人，而陷於孤單、絕望，在其身體內，「心血管功能、賀爾蒙濃度，以及免疫功能，也都會出現異常」，「而導致生病或死亡」。有心臟病的人，「心臟病發作時的死亡率，比一般人高出三倍」。「孤獨的人」，「他們早死的可能性比擁有配偶、家庭，或親友的人高出三至五倍」（註一）。其根本原因，就在失去了所愛，而使大腦邊緣系裡愛之共鳴完全崩潰，人的情感世界受到嚴重打擊。

我們若再以藝術的角度，來欣賞我們所處的外在的物質宇宙，和我們大腦裡內在的精神宇宙。在物質宇宙裡自然現象，有原子家族、有銀河系、太陽系，各種星系都在不停地旋轉，轉出了天體的音樂，轉出了群星的舞影，轉出了DNA的派對。在精神宇宙的人文現象，愛的陽光喚醒了意識、活化了情感、請出了記憶，一起來共舞。舞出了「真」的翩翩風度，舞出了「善」的無微不至，舞出了「美」的熱情洋溢。這兩大不同宇宙的場景，不能不使人聯想到：柴可夫斯基的芭蕾舞劇「天鵝湖」，一個被放大的藝術舞場。

根據「天鵝湖」的劇情，其芭蕾舞的表演，有單人舞、雙人舞、四人舞、群舞。這些大小舞影，不正是如前面所說的，那兩大舞場裡舞者們，隨著圓舞曲的旋律，所舞出的場景嗎？尤其劇中王子與公主的雙人舞，不僅舞出了柏拉圖的絕對美，也舞出了但丁不朽的愛。因此我有《天體圓舞曲》之作，請各位指教。

從以上的介紹，可見勿論是自然宇宙，或精神宇宙，到處都有「愛」與「美」的存在。就人類而言，每個人天天都在追求幸福，但怎樣才算真正幸福呢？我認為：

人之一生，只要時時能做到「愛在大腦裡，美在生活中」，就是真正的幸福。

今天世界一直在吵吵鬧鬧，使人類不能過平安的日子，主要的原因，就在「愛」被摧殘，「美」被踐踏！詩人一向都是愛與美的追求者，所以我要在這裡特別建議：請各位共同來推展「愛與美的世界和平運動」，用我們的筆和熱心，來喚醒世人對「愛」與「美」的重視。人類若要過幸福快樂的日子，首先就應做到：「愛在大腦裡，美在生活中」。

追求愛與美，是人類最重要的根本人性之一，若能將此充分發揮，世界自然會走向和平。所以推展「愛與美的世界和平運動」，應是我們最有價值的努力方向。

二〇〇六年九月五日
第二十六屆世界詩人大會發表

附註

註一：愛在大腦深處—內心的空虛（Thomas Lewis, Fari Amini, Richard Lammon 合著）（陳信宏譯）

三七、再談愛與美
——獲頒詩的金牌獎及榮譽文學博士有感

早在二〇〇六年三月二十五日，我們的大陸文藝訪問團遊桂林灕江時，正值春雨紛飛，雲霧繚繞。加上導遊姑娘李小波的紅裝之美，形成了山美、水美、人美，給詩人帶來三美一體之靈感，因而我寫了一首「灕江春夢」，其中的詩句有：

我們的苗族姑娘
萬綠叢中，一朵紅色玫瑰
正在為美而盛開
為愛而獻出珍藏的芬芳
已使這世界醉在愛與美的夢裡
我們的船
滿載著一船喜悅

在它微笑的眼波上航行
似情似夢，一切都已陶醉
山之歌在雲中舞蹈
江水輕波蕩漾……

這是我第一次，將愛與美寫入詩中。其後，香港藍葉詩社幾位詩友來台參加「秋水詩屋」成立，我順便陪同他們去拜訪名詩人羅門先生的「詩國」基地「第三自然螺旋形架構」世界。其資料中指出：「在詩與藝術轉動的『螺旋形架構』中，旋進它美的至高點與核心」。可見「美」對一首詩的重要。尤其我們在拜訪時更發現，羅門先生同女詩人蓉子夫人，他們夫妻在「詩國」基地形影不離的「愛」，更使人感動與羨慕。因此我進一步領悟到，「愛」與「美」不僅對詩創作重要，而愛與美的世界和平，更是人類之所盼。

經過多方思考，後來我參考「天鵝湖」舞劇，寫了一首長詩「天體圓舞曲」。在詩的末了指出：

本來我們生存的宇宙
是一個充滿愛與美的天鵝湖
但不知何時

那巫師的魔咒帶來了
人類你爭我奪，自相殘殺
為一己私利，往往
不惜發動毀滅性的戰爭

我們身為詩人
自許是愛與美的追求者
難道就眼看
愛逐漸貧血，美繼續憔悴？
朋友們！起來吧
讓我們共同，隨著
圓舞曲的旋律，舞出人生的愛與美
舞出世界的永久和平

同時我還寫了一篇短文：「愛在大腦裡，美在生活中」，與「天體圓舞曲」集成中英文的「愛與美專集」在二〇〇六年九月蒙古二十六屆世界詩人大會中，發給各國詩人每人一冊。對「愛與美的世界和平運動」，也在詩歌朗誦會中順便一提。

二○○七年三月，我又根據孔子的「仁性觀」，創作了一首「歷史進行曲」（A History March），因為我發現：

在你我和他的生命中
有一串「仁」性的符號
內含「愛」的基因
「美」的密碼
延續人類生命的密碼即「性愛」
提升人類整體生活必須要推展「博愛」……

你、我，和他
都是這曲譜裡一枚音符
不管你面具背後是張什麼臉
不管你現在手握什麼劍
只要你敢背棄這不朽的音程
淪入那恨與醜的地獄
你們都將難逃毀滅的命運！

為了拯救人類沉淪
我們一起來高呼
神秘的「仁性密碼」解放萬歲！
「愛」與「美」的
世界和平萬歲！

這首詩與其他長短詩集成一冊，以「歷史進行曲」為書名，中英雙語發行，並在二〇〇七年印度召開的二十七屆世界詩人大會中贈送各國詩人每人一本，同時也摘要朗誦。

從去（二〇〇七）年參加印度世界詩人大會返台後，文藝協會及新詩學會秘書長綠蒂先生就告訴我，要我將所有已出版的詩集、論文交給他。他好將其寄往美國世界藝術文化學院審查小組審查，推薦我為榮譽文學博士。當時我回答說：我已出版的詩集並不多，且英譯的只有一本。他說，你那本英譯的分量就有足夠的資格了。於是在不辜負他的好意下，便將書及有關資料交他寄去。

真沒想到，我們今（二〇〇八）年十月十一日到墨西哥後，與楊允達博士一見面他就恭喜我。在二十八屆世界詩人大會開幕前一天，綠蒂先生介紹我與會長 Justice

S. Mohan先生認識時，會長又當面告訴我明天要頒給我一個獎。因此我很意外，在接受了美國世界藝術文化學院頒發的榮譽文學博士Diploma後，又獲得二十八屆世界詩人大會頒給一面詩的「金牌」（Medallion）、證書及褒獎狀。在證書中對我的詩評是：In Warm appreciation of Poetic excellence and Great contribution to the world Brotherhood and peace through Poetry。在褒獎狀中說：我的詩是Powerful verses emiting deep emotion a reservoir of talent foreing out in versatile style. 這似乎已認同我愛與美的詩創作方向。尤其這次獲此金牌者，全球只有六人，所以我非常珍惜。

現在我有一本《大腦網路百花香》的詩話集，正排版中。而在其「大腦革命論」的代序中，我首先將大腦「神經可塑性」（neuroplasticity）的新觀念簡單介紹，因為這對詩的未來創作，也許很有幫助。另外在前面我所寫的那篇「仁性綻開的性愛花朵」，對孔子「仁性」的密碼有進一步探討，對健康的性愛及性愛詩的創作，都有論及。其他詩話隨筆所談，也不同於一般的詩論，而有我自己的見解和看法。出版後還請前輩與讀者多指教。

二〇〇八年十月二十七日。

貳　交流與活動

一、懷鄉詩情分外濃

——記重慶大學文學院爲寶島詩人雪飛訪渝舉行的詩歌朗誦會。

黃中模教授作

山城的初春繁花，簇擁著我們的小車，徐徐在嘉陵江邊行駛。過了化龍橋，兩岸新聳立的高樓凸現在我們的眼簾。打開車窗，凝視江景的寶島詩人雪飛，很久未回故里，被重慶新的面貌感動了，于是深情地說：「這裡正在進行新的開發，家鄉的變化真大啊！」他原名孫健吾，重慶酆都人，現居台灣桃園縣，係寶島《秋水》詩刊社副社長，是海峽兩岸知名詩人。

因去年十一月，我與重慶大學敖依昌教授一同去台訪問，和他相會在桃園海濱，在同觀海浪滔天的壯景後，又與《葡萄園》詩刊主編、詩人台客，在海邊為我們餞行，並送我們去桃園機場，揮手惜別之際，我們曾約：「明年在嘉陵江邊見。」

真沒有料到他會在今年三月十三號，飄然來到重慶回訪。上午十一點告知要來，下午五點我用車才接到他。他說是去重慶市區觀光去了，因他次日要到酆都，重慶大學文學與新聞傳媒學院便在當天晚上為他舉行歡迎晚宴後，又在會議廳為他舉辦了一場詩歌講演及朗誦會。除了與會的教師和研究生外，聞訊趕來參加會議的，還有重慶國際文化交流中心李勇副主任、少數知名詩人、新聞記者，共有40餘人。

會議由重大中文系主任敖依昌教授主持，他歡迎雪飛先生飛越海峽，回到故里觀光訪問，並祝他到重慶與詩人和青年學生交流詩藝、共話鄉情獲得成功。接著由雪飛先生為青年學子作了一場題為《化瞬間為永恒》的精彩講演，闡述了他認為詩歌是詩人與外界事物接觸的瞬間所產生的靈感，並用許多成功的創作例子，生動地說明了詩人在審美瞬間的感受，可化為永恒的夢，產生出美好的詩歌。他的講演，受到與會詩人及研究生們的熱烈歡迎。他還對學生的提問，作了詳盡的回答。

講演結束後，開始詩歌朗誦。詩人為了證明他上述講演的可實踐性，連續朗誦了他的《天鵝之舞》、《蝴蝶之夢》等三首短詩，他那帶有濃厚鄉音的朗誦，使聽眾倍感親切，與會者報以熱烈的掌聲。與會重慶女詩人蕭敏、詩人杜承南都激情澎湃地朗誦了自己創作的佳作，為會議增添了與寶島詩人交流的融洽氣氛。最後，筆者除了朗誦自己創作的《赴台詩抄》之一的《日月潭的金秋》之外，還朗誦了雪飛懷念母親的詩：《這一天》，隨著抑揚起伏的節奏，為會場撒滿了「流浪天涯海角的游子／展開思親的翅膀／乘著波浪／通過網路／回到母親心中……」的濃烈的思鄉之情，感動著與會者的心，把朗誦會推向高潮。

二〇〇七年三月十六日。

二、眞、善、美

——記中華函校台中區同學會成立大會

雪飛

四月四日，是一個春光明媚的日子。兩片逍遙自在的白雲，浮游於蔚藍的天邊；蓓蕾已在綻開，玉蕊偷偷吐出愉快的芬芳，微風輕步行進在蓊茸的綠叢，鳥兒在林中朗誦著自然的詩章，清溪在路旁歌唱著青春的情調。一絲漣漪的微笑，不時淺露在每個人的臉上；他（她）們閃著興奮的目光，邁著輕鬆的步調；從長途的火車中，輕快的單車上，通過原野的小徑，走過寬長的柏油路。他（她）們——來自台中縣市、苗栗、彰化，以及遙遠的南投；暫別了工廠、學校、軍營、醫院；不約而同地，懷著一樣的心情，像那天真活潑的兒童似的停步於空軍子弟學校禮堂的門前，在那淡紅色而繪有精美圖案的簽名錄上，寫上了自己的芳名，留下了自己的雅號。四位招待的小妹妹（台中市立家職學校的同學），每人發給一份開會的資料；憑著這份資料，他（她）們彼此將獲得數十位新的朋友、新的伙伴，以及熱忱真摯的友情。

下午兩點三十分，大會開始了。長長的會議桌上，四邊滿排著白瓷的茶杯，中間放著盤裝的糖果，立著兩瓶怒放的鮮花；夜來香吐著幽然的芬芳，芍藥露出微笑的媚態，縐紙的彩帶，飄動於禮堂的半空。牆壁四周，散佈著動人的標語：「研究文藝理論」、「研究寫作技巧」，「讓我們在真善美的面前攜起手來！」「保持兒童的天真」，「善用成人的經驗」……。會議桌的周圍，擠滿了不同的臉，有的佩著閃爍的領章，有的架著金邊的眼鏡。全場充滿了輕鬆、愉快，表現出自然、協調。

當召集人請大會推選主席的時候，座中立刻應聲提名，結果一位女同學——張亞曦被大家一致擁護，登上主席的寶座。她穿了一件黑色的旗袍，大會隨著她的清脆的聲音，立刻開始了。首先是「自我介紹」，從各種不同的語調中，大家簡單地介紹了自己；使這群來自天涯海角的青年們，通過情感的橋樑，而團結在一起，學習在一起。

自我介紹以後，便是教務主任張雲家先生報告大會籌備經過。他感謝負責籌備同學的熱情，稱讚出席同學的踴躍。他並說這次大會：「是一首熱情澎湃的詩，是一篇情調輕鬆的散文，更是一部完美結構的小說！」

校長李辰冬先生穿著灰色的西服，架著玳瑁的眼鏡；眼中射出欣然的光芒，和藹可親的說：「我今天非常感動……」，隨後他將學校近來的情形作一次詳細報告，最後他指出「中國近代為什麼沒有偉大的作家」，諄諄地訓勉到會同學，要先從「立德」做起，先建立自己的人格，充實自己的生活，勇敢地、堅強地，邁向偉大作家的道路，共同來為中國文壇創造光明的前途。

接著「校長訓話」的是一陣熱烈的討論，一次慎重的選舉。從討論裡通過了本會的組織規程，從選舉中產生了本會的常務幹事。之後，全體步出會場，齊集在忠烈祠的階前，在「真」「善」「美」三個藍底白字的扁額下，作一次具有藝術性的，永久性的，意義深長的攝影留念；有真的感情、善的內容、美的形式，也表示全體同學，今後將共同邁向「真善美」的目標，一致為「真」而奮鬥、為「善」而固執、為「美」而創作。

攝影完畢，即是餘興的開始。在那天然的幽雅的花園裡，茸茸的草地上、蔭蔭的綠樹下，各自選擇一個舒適的地方；蹲著、坐著、抬著頭、俯著首；有的含著一片綠葉，有的撥弄著一根青草，有的正在咀嚼那酸甜的檸檬糖，或者吮味那足以使人興奮的咖啡糖，在如此充滿文藝氣氛的環境、如此洋溢著輕鬆愉快的情調中，主席首先朗誦一首「迎春之歌」（全文附後），伴隨她那悅耳的聲音，輕輕唱開了餘興的序幕，校長講個幽默的故事、教務主任唱支熱情的歌曲，家職學校的四位小妹妹，也來客串兩曲流行歌，其他不少節目，隨掌聲而起，也隨掌聲而落。最後，由詩歌班三位同學朗誦「國旗的禮讚」，在男聲同女聲互應協調之下，似乎看到那鮮明的國旗，緩緩上升在藍空含笑地飄揚。

末了，每個人帶著歡欣的回味，滿意地，談笑著步出大門。

一小時後，在鐵路飯店——克難聚餐席上，又重新歡集一堂。聚餐完畢，許多同學圍坐在校長身旁，暢談至那壁上的掛鐘鳴了九響下，方才結束了這次大會的尾聲。

一九五四年四月十日

附：迎春之歌

種籽伸出了嫩綠的纖手，
暖陽散發出歡迎的熱情；
林木欣欣向榮，
百花齊集開放；
人類的感情在交流！
青年的熱血在奔放！
歡迎！歡迎！讓我們

共同來歡迎春的光臨。
看啊！她已安詳地來到大地，
在草原、在枝頭，
在那青青的山上。
她披著艷綠的衣裳，
在老農的微笑裡跳躍；
她吹著輕快的口哨，
行進在苗條的枝梢。
來吧！來吧！
你，來自豐腴的土壤！
妳，來自瘦瘠的山崗！
你，來自翠綠的田野！
妳，來自百花的綠園！
你，來自江河的邊岸！
妳，來自海洋的近傍！
來吧！來吧！

你充滿生活的熱情，
妳懷抱青春的美夢。
來吧！來吧！
讓我們攜起手來；
勇敢地、堅強地，
來迎接春天，
面對時代的風浪！
走上正義光明的大道，
走向真、善、美的天堂！

彭　捷作詞
雪　飛
張亞曦朗誦